社区公共体育服务对老人健康的影响研究

李 哲 著

华龄出版社
HUALING PRESS

图书在版编目（CIP）数据

社区公共体育服务对老人健康的影响研究 / 李哲著
. -- 北京：华龄出版社，2023.12
ISBN 978-7-5169-2705-2

Ⅰ．①社… Ⅱ．①李… Ⅲ．①群众体育 – 社区服务 –
影响 – 老年人 – 健康 – 研究 – 中国 Ⅳ．① G812.48
② R161.7

中国国家版本馆 CIP 数据核字 (2023) 第 255596 号

责任编辑	陈 馨 彭 博	**责任印制**	李未圻
责任校对	张春燕	**装帧设计**	杨华珍

书　　名	社区公共体育服务对老人健康的影响研究	**作　　者**	李 哲
出　　版 发　　行	华龄出版社 HUALING PRESS		
社　　址	北京市东城区安定门外大街甲 57 号	**邮　　编**	100011
发　　行	（010）58122255	**传　　真**	（010）84049572
承　　印	北京佳益兴彩印有限公司		
版　　次	2024 年 8 月第 1 版	**印　　次**	2024 年 8 月第 1 次印刷
规　　格	787 mm × 1092 mm	**开　　本**	16 开
印　　张	11	**字　　数**	100 千字
书　　号	ISBN 978-7-5169-2705-2		
定　　价	68.00 元		

◆前　言

中国人口老龄化存在总量大、增速快、差异大、任务重等特点，这将对中国的经济、文化、社会建设，甚至国家综合实力及国际竞争力产生重要而又深远的影响。当今社会对老年人健康的关注比以往任何时候都高，本书的目的在于研究老年人健康和公共运动服务之间的关系，为应对即将到来的重度老龄化社会、为老年人提供针对性运动服务，探索为老年人安享健康晚年生活的方案。在当前已进入中度老龄化且即将进入重度老龄化社会的同时，本书以重要目标群体中的老年人为研究对象，通过实证分析运动服务对老年人健康的养老生活所产生的效果，对于明确养老生活中运动的价值具有重要意义。此外，从社区的角度来看，作为满足老年人生活质量需求的替代方案，通过验证运动服务的有效性，提出有效用于老年人健康的社会成本问题，也具有相当大的研究意义。

本书从健康老龄化的理念出发，吸收借鉴了各国的成功经验，结合实证分析结果和经验讨论，为社区养老中“体育与养老融合”的养老模式提出了有针对性的对策。并从国家战略、社区策略和老年人自身三个层面，提出了有效用于实现健康老龄化的社区老年人健康水平提升的政策性建议。

课题名称：江西省高校人文社会科学研究
2021年项目：智慧社区养老视域下体养融合的路径研究
编号：TY21202

◆目录

◆第一章　研究主题

第一节　研究背景

根据2021年5月11日发布的《第七次全国人口普查公报》结果显示，中国60周岁及以上老年人口为2.65亿人，占全国人口比例的18.7%，同时更为严峻的是65周岁及以上的老年人口为1.9亿人，占全国人口比例的13.5%。这意味着中国人口老龄化的程度进一步加深。据《国家人口发展战略研究报告》预测，到2025年，中国65岁及以上老年人口将达到全国总人口的26%，较2020年增加12.5%；80岁及以上的老年人口占比将达到8%。预计到2050年，老龄化程度将会达到峰值。

当前中国养老事业存在发展不平衡和不充分的现象，而日益增加的养老服务需求则对中国养老事业又提出了新的挑战。随着人口老龄化的加剧，中国目前的养老服务体系和模式，在养老服务供给侧和需求侧难以达到平衡，主要体现在服务数量及质量方面。《2021年民政事业发展统计公报》显示，中国2.65亿老年人每千名老年人拥有养老床位数仅为30.5张，相较发达国家和地区，还存在较大差距。中国人口老龄化存在总量大、增速快、差异大、任务重等特点，这将对中国的经济、文化、社会建设，甚至国家综合实力及国际竞争力产生重要而又深远的影响。

《"健康中国2030"规划纲要》提出，健全公共服务体系，广泛开展全民健身运动，加强体医融合和非医疗健康干预，促进重点人群体育活动，以增强全民身体素质，增进身体健康水平。2019年7月，《健康中国行动（2019—2030年）》提出"基层社区要始终贯彻预防为首和防治统一的原则；国家将健康纳入政策的制定和实施，重点关注主要疾病和关键群体，协同推进健康教育保健系统建立；基层社区要引导群众正确看待健康，形成有益于健康的生活方式和社会环境，从而推动以'治病'为首向以'健康'为首的转变。"

身体健康是老年群体正常生活和适度社会参与的重要基础，也是健康中国战略的重要目标。运动是增强体质、增进健康的重要手段，也是各种疾病重要的非医疗健康干预途径。随着年龄的增长，老龄人群身体各方面机能逐渐下降，面临着更多的健康风险，心脑血管疾病、癌症、慢性呼吸系统疾病、糖尿病等慢性病是严重影响老年人生活质量的重要因素。为了有效缓解老年人的慢性疾病问题，我们可以采取运动等非医疗手段，来对老年人的健康问题进行干预，以确保老年人不生病、少生病，从而提高老年人的健康水平，改善他们的生活质量。因此，运动凭借较低成本就能让人们更健康的优势，成为落实健康中国战略的重要举措之一。

为了应对当前严峻的人口老龄化问题，《“十四五”国家老龄事业发展和养老服务体系规划》（以下简称“《规划》”）提出要积极应对人口老龄化国家战略的制度框架基本建立，老龄事业和产业有效协同、高质量发展，居家社区机构相协调、医养康养相结合的养老服务体系和健康支撑体系加快健全，全社会积极应对人口老龄化格局初步形成，老年人获得感、幸福感、安全感显著提升。同时还提出了“增强家庭养老照护能力，促进老年人健身休闲等服务不断丰富”的目标。此外，《规划》还提出要开发老年人力资源，推动银发经济增长，完善养老服务体系、发展普惠型与互助型养老服务，支持家庭养老服务，培育新型养老保障服务，建立家庭与社区联动、医养与康养融合的养老服务体系。

以上可见，社区及位于社区内的家庭与医疗机构将成为中国老年人养老的主要场所。中国老年人口规模大，老龄化速度快，老年人需求结构正在从生存型向发展型转变，老龄事业和养老服务存在发展不平衡、不充分等问题，主要体现在农村养老服务水平不高、居家社区养老和优质普惠服务供给不足，建设与人口老龄化进程相适应的老龄事业和养老服务体系的重要性和紧迫性日益凸显，任务更加艰巨繁重。鉴于此，社区通过何种措施促进老年人“老有所安”与“老有所为”，也是当前中国社区养老需要思考的重要内容。

2014 年 10 月，在《国务院关于加快发展体育产业促进体育消费的若干意见》中，将全民健身上升为国家战略，指出全社会要营造重视体育、支持体育、参与体育的健身氛围。2019 年《体育强国建设纲要》提出要形成体育发展新格局，深入推动体育治理体系与治理能力现代化的总体目标。在全民健身方面，纲要把“落实全民健身国家战略，助力健康中国建设”作为建设体育强国的首要目标，并提出“经常参加体育锻炼人数比例达到 45% 以上，人均体育场地面积达到 2.5 平方米，城乡居民达到《国民体质测定标准》合格以上的人数比例超过 92%”的目标。

当前，“体医融合”防治慢病已成为共识，老年人是中国全民健身的主力军，城市社区老年人体育开展如火如荼，老年群体的体育需求不断增长，城市社区作为老年人体育服务供给的主要空间之一，体育服务体制与机制的不完善、服务能力的不足与服务效能低下、服务方式的单一等问题严重制约了老年人体育服务的供给及老年人体育的发展。人口老龄化背景下，如何实现公共体育服务在社区养老中的作用，如何预防慢性病实现健康老龄化，如何激发老年人的活力助力积极老龄化也是当前关注的焦点。

第二节　研究目的

习近平总书记在党的二十大报告中明确提出实施积极应对人口老龄化国家战略，发展养老事业和养老产业，优化孤寡老年人服务，推动实现全体老年人享有基本养老服务。这一论述为中国老龄化事业奠定了总基调和总方针。《国家积极应对人口老龄化中长期规划》指出，人口老龄化是社会发展的重要趋势，是人类文明进步的体现，也是今后较长一段时期中国的基本国情。2022 年 2 月，国家卫生健康委、教育部、人力资源社会保障部、国家体育总局等 15 部门联合发布《“十四五”健康老龄化规划》，规划指出协同推进健康中国战略和积极应对人口老龄化国家战略，不断满足老年人健康需求，稳步提升老年人健康水平，促进实现健康老龄化。养老服务关乎老年人及其家庭福祉，是民生保障体系最重要的内容之一，推动养老服务高质量发展是积极应对人口老龄化的重要内容。自党的十八大以来，党中央、国务院印发养老服务政策文件 10 余件、民政部门会同有关部门制定出台制度 90 余件，国家和行业标准 50 余件，可见在国家政策层面，实现养老服务高质量发展是国家的可持续发展目标之一。

在人口老龄化的早期阶段，机构养老、居家养老、社区养老、医养结合等养老模式基本可以满足老年群体的不同养老需求。但随着老龄化程度不断深化，信息化程度提高，老年人的价值得到再次开发，老年人的精神需求也更受重视。现有养老模式的“碎片化”劣势、不同模式服务断层及信息不畅等缺点开始显现，难以适应老龄化社会的现实需求。因此，站在健康养老的高度，将公共体育服务与养老结合起来，构建社区养老视域下“体育与养老融合”养老模式的研究具有重要意义。

吉安市位于江西省中部，2022 年实现生产总值 2750.33 亿元，全年财政总收入 385.98 亿元。下辖 10 个县、2 个区、1 个县级市，总面积为 2.53 万平方千米，常住人口为446.91万人，老年人口总数80.09万人，占总人口的17.92%。《吉安市"十四五"养老服务体系建设规划》提出，要充分发挥政府主导作用和社会力量主体作用，健全完善居家社区机构相协调、医养康养相结合的养老服务体系，巩固家庭养老的基础地位，持续开展政府购买居家和社区养老服务，扩大居家和社区养老服务有效供给。本研究选取江西省吉安市作为案例进行分析，在前人对社区养老研究的基础上，总结我国社区养老政策实施的成功经验并分析不足之处，以此对吉安市社区养老政策提供启示。

当今社会对老年人健康的关注比以往任何时候都高，本书的目的在于研究老年人健康和运动处方之间的关系，为应对即将到来的重度老龄化社会、为老年人提供针对性运动服务，探索为老年人健康晚年生活做出贡献的方案。本研究以吉安市一定年龄段及以上的老年人为调查对象，通过事前调查其健康和运动需求，划分出特定年龄段和健康水平的两个群体，为有运动需求的群体提供针对性运动服务，对没有运动需求的群体不提供相应的运动服务。经过一定的时间后，再测量他们的运动健康状况，对比分析提供给老年人的运动服务对老年人健康的影响。

在当前已进入中度高龄化，即将进入重度老龄化社会的同时，本研究以重要政策目标群体中的老年人为研究对象，通过实证分析运动服务对老年人健康的养老生活所产生的效果，对于明确养老生活中运动的价值具有重要意义。此外，从社区的角度来看，作为满足老年人生活质量需求的替代方案，通过验证运动服务的有效性，提出有效用于老年人健康的社会成本问题，也具有相当大的研究意义。

虽然类似的先行研究有很多，但是之前的研究在提出老年人健康与运动之间的关系方面都比较模糊。本研究特意通过提供满足老年人需求的运动服务，调查满足他们的运动服务需求，并提供定制设计，包含运动咨询对老年人的影响，这是本研究与先行研究最大的不同之处。

第三节　研究范围和方法

一、研究范围

（1）选取江西省吉安市城市社区老年人为研究对象，以社区老年人参与运动的情况为参考，将社区老年人分成实验组和比较组。通过问卷的形式，调查社区老年人的身体健康状况及公共体育服务需求情况。通过实地走访的形式调查社区公共养老服务和公共体育服务的情况。

（2）分析社区老年人的身体健康状况与公共体育服务需求情况，以及社区公共体育服务供给情况，筛选出适合社区老年人的运动项目。结合社区老年人的身体健康状况和适合的公共体育服务项目，为社区老年人制定个性化的运动处方，并委派专人进行老年人体育锻炼指导。

（3）组织实验组按照设计出的针对性运动服务参与为期 3 个月的公共体育服务，比较组不进行任何运动指导，在 3 个月后通过问卷的形式调查实验组与比较组的健康状况。采用双重差分法（DID）、配对样本 T 检验、相关分析、多元回归分析、结构方程模型等方法，对老年人参与针对性运动服务的健康效果进行评价，反映出公共体育服务在养老工作中的重要性与必要性。

（4）结合实证分析的结果和公共养老服务，以及社区公共体育服务方面的典型案例，来评估鼓励社区老年人参与运动的效果、社区公共养老服务供给和公共体育服务供给实施的政策效果。

二、研究方法

为了达到研究目的，本研究拟采用文献研究、问卷调查、实地调查、访谈及案例研究等研究方法。

1. 文献研究法

根据本研究的主题，查找国内外关于养老服务、社区养老、老年人运动与健康研究的相关文献，通过阅读文献并进行文献间的比较分析，提出本研究的核心内容与创新，汇总前人的研究结果，提炼出社区养老健康与运动的结合性强化研究理论，为本研究结论提供理论保障和科学依据。

2. 问卷调查法

通过文献研究与专家咨询，了解运动行为对老年人身心健康的影响指标。通过指标、影响因子的选取、确立，设计出《社区老年人运动情况调查问卷》《社区老年人公共体育服务需求调查问卷》及《社区老年人健康自我诊断评估调查问卷》。通过调查问卷的预调查与发放、收集，分析得出老年人的运动现状、公共体育服务需求及健康状况。

3. 实地调查法

根据本研究的需要，选取江西省吉安市城市社区养老中心进行现场调研，了解社区养老服务现状，筛选出适合老年人参与的运动项目，并依据综合问卷调查结果制定出个性化的运动方案。

4. 访谈法

该研究方法是对问卷调查法的补充，主要针对省、市两级民政部门养老科干部、社区工作人员、部分老年人进行访谈，从管理者、从业者、老年人等多角度了解社区养老与运动的协同作用，了解各参与主体对老年人体育运动项目融入社区养老的认知与建议。

5. 案例研究法

案例研究是以实际的典型事例为研究对象，是与定量研究相对的定性研究法，具有理论成果实际有效、趣味性和可操作性高、有利于建构新理论等优势。本研究拟在社区养老的公共服务、体育服务等方面采用案例研究法，并通过这些案例探索社区养老模式下的公共服务和体育服务的多元主体，以及运动促进社区老年群体健康的实践经验。

三、研究结构

本研究基于研究背景和文献资料研究，通过调查城市社区老年人体育身体健康状况和运动需求情况，分析社区养老环境下，运动对老年人健康状况的影响。本研究主要由五个部分构成。

第一部分为整体绪论，分析了本研究选题的相关背景，并介绍了研究目的、范围与方法。

第二部分为相关概述，阐述“养老服务”“公共体育服务”“体育与养老融合”“老年人健康”等相关内容。整理与本研究有关的国内外关于养老服务、老年人运动与健康的关系、体育与养老融合的研究现状，并进行具体讨论。

第三部分为制定研究模型，提出研究假设。解释老年人运动行为和老年人健康状况中各个变量的定义。对研究对象选取、样本选择和资料收集等因素进行分析。

第四部分为结果分析，采用双重差分法（DID）和配对样本 T 检验分析社区老年人运动前和运动后的健康状况，来评估鼓励社区老年人参与运动、社区公共养老服务和体育服务的供给等政策效果。并通过相关分析、多元回归分析、结构方程模型等方法验证运动对老年人健康的影响。

第五部分为结论，通过对研究结果的分析和案例分析得出社区养老健康与运动的结合性强化研究结论，并根据研究结论及养老公共服务政策的实施经验提出社区养老公共体育服务的相关政策提案。

◆第二章　理论和制度讨论

第一节　相关定义

一、养老服务的内涵界定

“养老”的基本含义是指奉养老年人。纵观我国历史文化的发展，“养老”这一词汇具有非常丰富的内涵。中国西汉时期的官员、《礼》学家戴圣编著的《礼记·王制》中就提到了养老：“凡养老，有虞氏以燕礼，夏后氏以飨礼，殷人以食礼，周人修而兼用之。五十养于乡[①]，六十养于国，七十养于学，达于诸侯。”[②]可见，在当时奉养老年人属于一种礼仪制度。在西周时期，养老的礼仪制度得到进一步完善，比较著名的有“乡饮酒礼”[③]和“三老五更”[④]制度。先秦时期就提出了“国家养老”的概念，“有虞氏养国老[⑤]于上庠，养庶老[⑥]于下庠。夏后氏养国老于东序，养庶老于西序。殷人养国老于右学，养庶老于左学。”而重视血缘这一传统家庭养老方式成为先秦时期最主要的养老方式，除了基本的物质供养外，还非常注重精神层面对父母的尊敬。

纵观历史，“养老”一词在中国古代已经具备丰富的含义：一是礼仪制度，通过尊老维持社会伦理规范和统治秩序；二是血亲赡养，既包含物质上的满足，又包含精神上的尊敬，并以此为核心内容形成“孝”的概念；三是年老在家休养，由古代官员

---

① 乡是士大夫的管理区域，国是诸侯的管辖区域，学是皇帝管辖的区域。

② （西汉）戴圣．礼记·王制 [M]. 胡生平，张萌，译注．北京：中华书局，2017.

③ 周朝乡学三年业成大比，考其德行道艺优异者，荐于诸侯。将行之时，由乡大夫设酒宴以宾礼相待，谓之“乡饮酒礼”。历朝沿用，指地方官按时在儒学举行的一种招待贤能之士与德高望重者的仪式。

④ 中国古代统治者设“三老五更”制度，用以尊养老年人。

⑤ 国老是指士大夫中有德望的长者。

⑥ 庶老是指普通百姓中有威望贤德的年长者。

退休的“致仕”制度产生；四是抚养老年人而不能自给的人，主要依赖地方政府和血脉宗族。“养老”的含义也存在狭义与广义之分：狭义的养老指向老年人提供所需的物质经济保障、生活保障、医疗保障和精神保障；广义的养老则包含一切与老年人生活相关的制度、方式、模式、形式。

本研究认为“养老”是通过合理配置资源的方式，来有效满足老年人生理方面、心理方面和社会方面需求的行为。从养老资源公平有效配置的角度，可以把被供养老年人分别作为“主体”和“客体”，从这两个维度进行探讨。“主体”维度是把养老看作老年人追求的生活状态和对此提出的需求。“客体”维度是把养老看作一种为被供养老年人提供物质供给、生活照料、长期照护和精神慰藉等支持的行动和义务。

彭希哲等（2011）的研究认为，养老服务同样是一个多维度的概念。从政府职能视角来看，养老服务属于准公共产品，在此理解之下，养老服务可分为两部分。[①]一部分是基本养老服务，指政府重点针对困难老年人及其家庭，保障老年人基本养老需求的一系列政策实施活动。另一部分是公共养老服务，指政府面向全体老年人推出的公共产品或服务。从经济产业角度来看，养老服务产业则是一个服务与产品兼备的产业概念，涵盖多个行业领域。

从政府职能视角来看，西方各国相关政策差异较大，但养老服务大多分散存在于社会保障、公共健康和退休福利体系内。社会保障体系内的养老服务内容主要包括医疗救助、最低生活补助和老年住宅等。公共健康体系内的养老服务内容主要包括长期照护、心理咨询等。退休福利体系内的养老服务内容主要包括退休金、医疗保健、老年人教育、心理咨询、法律咨询及死亡善后事宜等服务。中国政府政策文件从政府职能视角对养老服务的发展建设进行了整体部署。在社会保障体系方面，已建成全覆盖的居民养老保险制度。

从产业角度来看，西方发达国家养老服务发展更为成熟，服务内容也更全面，已经形成了集养老金融服务产业、机构养老服务产业和老年消费产品产业相互配套的综合养老服务体系。养老金融服务产业方面，注重金融产业和养老服务产业的集合。居家社区养老产业方面，将养老服务与医疗保健紧密结合起来的长期照护服务已成为各国的首选。机构养老服务产业在发达国家也已成熟，养老机构针对不同健康状况的老年人，开发了形式各异、功能有别的多种模式。中国政府提供的公共养老服务产品种类不断增加，范围不断扩大，主要包括居家养老服务、社区养老服务、机构养老服务、

---

① 彭希哲，胡湛．公共政策视角下的中国人口老龄化 [J]. 中国社会科学，2011，3（1）：121-138.

养老服务人员培训和增设养老设施等养老服务产品。

随着全球老龄化的不断加深，国内外对养老服务建设愈加重视，为促进养老服务的快速发展，养老事业与养老产业不断融合。政府通过政策鼓励、产业培育、政府购买、企业嵌入等方式，借助产业化的手段促进养老事业和养老产业的发展。市场借助养老政策，结合公立医疗机构，利用闲置公共养老设施，为老年人提供更为丰富、优质的基础养老服务。本研究的“养老服务”主要集中于社区公共体育服务供给。

二、公共体育服务的内涵界定

公共体育服务是社会公共服务的组成部分之一，是服务型政府职能条件下，对体育进行公共服务角度的推行和拓展。公共体育服务是以满足社会公共群体的共同体育需求和利益为目标，依照政策规定与群众体育需求来着力保障公众的体育权益。政府始终是公共体育服务管理执行的核心部门，在政府的主导下，相关部门根据职责分工与政策文件，以多元的方式和途径借助于公共体育设施来行使权力。整个过程就是公共体育服务的实现过程，也是公共体育服务的改进提升过程。

公共体育服务的主要内容包括：一是合理布局公共体育场馆、开展场馆基础设施规划建设和管理服务；二是结合区域实际情况，承担各种体育组织的组建和管理服务；三是结合群众需求，因地制宜策划、组织各种形式的体育活动，为大众提供丰富多元的体育活动；四是为了加强体育文化宣传和建设，提供体育文化构建和体育信息咨询服务；五是提供一定的体育健身、健康养生等方面的专业指导服务。

目前，中国的公共体育服务供给主体主要有三类：第一类是政府和体育管理的行政职能部门，这是目前最主要的公共体育服务提供方。第二类是非营利性组织，如各种体育社团、体育基金会等，这些组织主要通过开展社会公益性体育活动提供公共体育服务。第三类是营利性体育组织，主要以体育企业的形式存在，在相关法律法规许可的范畴内为大众提供体育服务并获取一定的经济利益。和非营利性供给主体相比，营利性体育组织的体育资源配置更高效，服务也相对更多样化，更能满足公众的体育需求。

公共体育服务客体，也就是公共体育服务对象。从乡镇到城市的所有男女老少都是公共体育服务的客体。2019 年，国务院办公厅印发的《体育强国建设纲要》中特别提出：逐步推动基本公共体育服务在地区、城乡、行业和人群间的均等化。所以基本公共体育服务是每一位公民都可以享有的基本权利。本研究中的公共体育服务客体，主要是吉安市城市社区老年人群。

三、体育与养老融合的内涵界定

体育与养老融合是指在后人口红利时代和健康老龄化的背景下，从整体角度看待体育和养老的关系。以体育设施和场地管理为基础，以体育用品制造为支撑，以体育服务为核心，通过体育产品和服务更好地满足养老需求，通过养老场景进一步发挥体育的市场和社会价值，从而实现体育和养老产业、养老公共事业的协同发展。中国学者冯珺等（2020）的研究指出，体育与养老融合既应当包括狭义和广义上的体育产业、养老产业和大健康产业，也应当包括塑造人文体育精神、提供健康养老保障、维护优美人居环境等方面的制度安排和公益事业。①

因此我们也可以从“大”和“新”这两个关键词来理解体育与养老融合的概念。体育与养老融合的“大”体现在它是一个产业和公共事业发展的集合概念，不仅包括直接意义上的体育产业和养老产业，还涉及国民经济中诸多不同产业和部门。而体育与养老融合的“新”则体现在产业边界的突破和产业形态的蝶变方面。体育与养老融合的边界相对于单一维度的体育产业或养老产业而言更加宽阔，因此能满足体育和养老领域新需求的出现，也能提供新的市场空间，这也必将有新技术的突破和新产品形态、新商业模式的涌现。

广义的体育与养老融合反映为公益性与市场性的有机结合，狭义的体育与养老融合可以理解为具有半公益性质的产业活动，即产业活动是体育与养老融合的主体形态。本研究中的体育与养老融合主要在于通过公共体育服务和老年人运动参与来改善老年人生活质量，提升老年人幸福感，更好地实现体育在养老领域的社会功能。

四、老年人健康的内涵

健康是一个多维度且较为综合的概念，同时也是衡量社会经济发展水平的重要指标之一。世界卫生组织（WHO，1948）对健康的定义为“健康不仅仅是没有疾病和衰弱的状态，而是一种在身体上、精神上以及社会适应力的完满状态”②。此外，世界卫生组织（WHO，2001）③还定义了心理健康：心理健康是一种健康或幸福状态，在

---

① 冯珺，肖淑红 . 产业融合视角下的体养融合研究：概念，作用与发展现状 [N]. 北京体育大学学报，2020，43（12）：58-70.

② WHO.World Health Organization Constitution.（Basic Documents）. Geneva：World Health Organization，1948.

③ WHO. Strengthening Mental Health Promotion.（Fact Sheet，NO. 220）. Geneva：World Health Organization，2001.

这种情况下，个体得以实现自我，能够应对正常的生活压力，工作富有成效和成果，以及有能力对所在的社区或组织做出贡献。

老年人健康是一个复杂的系统，标准由多维评价构成。例如，躯体健康方面的描述可能涉及各种“高血压、高血糖”等慢性病，以及“腿部疾病、关节疾病”等身体活动能力的疾病，甚至还可能处于“癌症治愈”等状态，这些都是可测量的身体状态。还有一些无法直接观测的健康状态，例如觉得“很孤独”或“无法适应社会的变化”，以及需要获得“受尊重”的感觉，这些感受涉及老年人精神健康与社会健康方面。

本研究中，将“physical（身体的）”定义为以疾病为中心的老年人身体健康；将“mental（精神的）”定义为可测量或不可测量的老年人心理健康；将“social well-being（社会幸福感）”定义为：老年人在社会环境中的功能评估，也就是社会健康。社会健康主要由社会融合、社会接受、社会贡献、社会实现及社会一致性构成。结合世界卫生组织对健康的定义，通过对文献资料的分析，本研究中老年人健康所包含的各个维度，即身体健康、心理健康及社会健康与 WHO 的健康定义相符合。

根据上述概念，可知老年人健康的测量方式包括很多种形式。本研究主要采用较为主观的健康指标（如身体症状与器官功能）和相对较为客观的指标（如躯体活动能力、日常生活能力）来测评老年人的身体健康。通过相对主观的正向情绪、心理状态与负向情绪、认知能力、自尊程度等来反映心理健康指标，以及通过老年人在社会环境中的角色活动与社会适应、社会资源与社会接触、社会支持来评估社会健康的指标。

第二节　理论背景

一、公共服务论

公共性思想起源于古希腊，它是一个被广泛使用但内涵复杂多变的概念或观念。曹鹏飞（2006）的研究①认为，在古希腊，公共性强调的是群体共同的关系，即个人走出家庭进入公共领域，过上公共生活。其中，亚里士多德以公共利益实现程度来判断政体优劣，认为城邦作为共同体就是为了追求“至善”。在古罗马，认为自然法是最高的理性，国家产生于人类的契约，在理性面前人人平等，这一思想闪耀着公共性

---

① 曹鹏飞．公共性理论研究 [M]. 北京：党建读物出版社，2006：29.

的光辉。之后，欧洲在漫长的中世纪，自古希腊、古罗马时期开创的公共性思想、公共生活空间被挤压。王鸣鸣（2002）的研究[①]指出，第一次世界大战后，美国掀起了政治哲学领域公共性研究的高潮，尽管学者们对公共性的分析路径并不相同，但公共性多指向公共言论空间或形成公论的市民生活领域。西方行政领域的公共性相对于政治哲学领域会更接地气，表现得更为具象。田毅鹏的研究[②]（2005）认为，东亚国家公共性多与官、公等相关，多指向公共权力。后来，东亚国家在现代化进程中加强了第三域建设，中间团体开始成为公共性的重要开拓主体。

中国学者孙晓莉（2007）的研究[③]认为，公共服务一般是指通过提供或创造公共产品（如水、电、气等具有实物形态的产品和教育、医疗等非实物形态的产品）和公共环境（如安全稳定的社会环境、秩序井然的市场环境、良好的就业环境等）来满足公共需要的过程。

Jan-Erik Lane（2003）[④]认为，根据所需满足的公共需要的内容，可以将公共服务主要分为以下三种类型。

第一，政权性公共服务。这与国家的传统职能相吻合，主要包括立法、司法、行政、外交和国防等。这些服务一般由公共部门提供，履行职责的人都是国家公职人员。这些服务中的一部分可以由中央分散到地方，即由分布在全国各地的各级行政机关、司法机关和立法机关提供服务。在法律上，这些公共服务通常以“行政服务”的形态出现，服务行为通常是单方面的，也就是由服务提供方做决定，服务消费方执行决定，而服务成本则来自税收。

第二，社会性公共服务。主要包括社会就业、社会保障、教育、卫生医疗、文化体育等直接关系到人的发展这一根本需要的服务。此类公共服务具有双重属性，它既是一种个体需要，又是一种公共需要；既具有广泛的外部经济性，又由于资源有限而决定了使用上的竞争性。这种双重属性决定了此类公共服务供给的特殊性，由中央政府确保该系统的组织管理和运行管理，而地方政府在具体的落实方面起着重要作用。此外，其费用的分担也体现出了受益原则。全社会范围受益的如基础教育、基本医疗保障、基础社会保障，由中央政府和地方政府负担为主；个人受益更多的如职业教育、

---

① 王鸣鸣 . 公众舆论与美国对外政策 [J]. 世界经济与政治，2002（5）：75-80.

② 田毅鹏 . 东亚“新公共性”的构建及其限制——以中日两国为中心 [J]. 吉林大学社会科学学报，2005，45（6）：65-72.

③ 孙晓莉 . 公共服务论析 [J]. 新视野，2007（1）：51-53.

④ Lane，J. E.. New Public Management[M]. New York：Taylor & Francis Group，2000.

高等教育、保健性医疗等，以个人负担为主。

第三，经营性公共服务。主要包括邮电、通信、电力、煤气、自来水和交通等。这类服务具有个人需求性质和直接付费的特点，但同时基础设施又具有覆盖广、不重复、投入成本高等特点。一旦建成后，生产供应量越大，平均成本越低，利润则不断增加，其规模经济效应逐渐体现出来，形成难以由多家企业竞争生产和供应的自然垄断特点。这类服务是有偿的，收取的费用包含服务运行成本。

中国学者苗红培（2016）认为政权性公共服务、社会性公共服务和经营性公共服务这三类公共服务，由于其服务内容、主要提供者以及适用的法律制度等多方面的不同而有很大的差异。① 但它们都遵从一些大的共同原则，这些原则与营利性的私人服务有较大区别。一是服务连续性原则。公共服务必须保证其连续性，即使在调整政府职能，精简政府机构和精减人员的过程中，也要保证立法、司法、行政、国防、外交、基础教育等公共服务供给的数量和质量。二是平等原则。包括个体平等和地域平等两方面。正如约翰·罗尔斯（1988）所述，公共服务是政府的基本职能之一，而且公正是社会制度的首要价值，所以保证全体公民平等获得公共服务和公共服务平等地对待每一位公民是政府应履行的职能。② 三是适应性原则。这是指公共服务的提供者为适应新的需要，能够调整服务的组织形式和运行方式。四是效能原则。公共服务是一个调节社会资源配置，满足社会公共需要的过程，以税收、收费或公民志愿性劳动作为服务提供的成本，因此，相应地需要遵循合理使用和高效使用社会资源的原则。

本研究通过体育公共服务的视角，研究社区老年人公共体育服务的情况，采用实证分析的方法来分析老年人公共体育服务对老年人健康养老的价值与现实路径。

二、社区照顾理论

社区照顾理论最早源于 20 世纪 50 年代的英国，是一种专业化的社区工作形式，通常是指运用非制度化的方式，对社区内的老年人进行安置与生活照料。③ 社区照顾的服务对象主要为社区内的弱势群体，不只限于老年人，还包括残疾人与儿童。钱宁（2002）通过对社会工作的研究指出，提供社区照顾的服务人员可以是社区内的各种

---

① 苗红培．政府与社会组织关系重构——基于政府购买公共服务的分析 [J]. 广东社会科学，2015（3）：205-212.

② （美）约翰·罗尔斯．正义论 [M]. 何怀宏等，译．北京：中国社会科学出版社，1988.

③ （英）苏珊·特斯特．老年人社区照顾的跨国比较 [M]. 周向红，张小明，译．北京：中国社会出版社，2002.

成员，如家人、朋友、邻居、志愿者等形成社区非正式网络，结合社区内正式性社会服务机构与服务资源，为需要帮助服务的弱势群体提供帮助。①

Victor（1997）的研究指出，社区照顾可分为三种类型，即在社区照顾（care in the community）、由社区照顾（care by the community）以及为社区照顾（care for the community），这三种类型在照顾的责任与义务方面具有不同的规定性。②

在社区照顾主要运用法定资源，使老年人在以社区为基础的中心或家庭接受照顾和服务。它以政府、非政府组织在社区内设立的小型、专业的服务机构为主要照顾场所，涵盖机构中的照顾和专业人士的上门护理。可见，在社区照顾中，正式服务部门是老年人获得照顾的主要倚靠力量，非正式网络作为辅助力量存在。由社区照顾是指动员、组织社区非正式网络给予老年人照顾服务。它与在社区照顾不同的是，照顾场所转变为家庭，照顾的主要力量也相应地换成非正式部门，正式服务支持则退居为辅助力量。英国政府在 20 世纪 70 年代后为削减福利支出，使得由社区照顾模式逐渐成为主流。为社区照顾则是要解决谁被照顾的问题。

毫无疑问，有需求的社区居民都可成为照顾的对象，换言之，社区照顾的对象既可以是社区中的弱势群体，又可延伸到整个社区。仅就目前社区照顾的情形而言，有需求的老年人，特别是高龄、残疾等需长期照顾者是社区照顾的重点对象。由此可见，社区照顾重视不同照顾资源、社会网络之间的相互配合与整合，而且任何单一指向的服务和照顾也不可能满足老年人多元化、个性化的需要。

Wicks（1982）的研究指出，社区照顾在不同时期有着不同的侧重点，但发展的总方向朝着在社区照顾向由社区照顾转换，进而实现为社区照顾，这种转变也被视为当代老年人社会政策变化的象征。③ 中国学者李伟峰（2008）的研究发现，与其他照顾方式相比，社区照顾展现出了长期照顾，去机构化，重视发挥非正式资源的作用，倡导以需求为导向的服务，强调老年人的参与性、选择权及成本低廉的优势。④

对于“体育与养老融合”社区养老模式而言，养老服务机构的地位在其中不占优势，这也就要求社区在“去机构化”的同时链接社区内的非正式网络和已有资源，帮助社区内的老年人，满足他们的基本养老生活需求和公共体育服务需求，使得老年人能够

---

① 钱宁 . 社区建设中的社会工作探索 [M]. 昆明：云南民族出版社，2002.

② Victor，Christina R. Community Care and Old People[M].London：Stanley Thornes，1997.

③ Wicks.Community Care and Elderly People[M].London：Basil Blackwell&Martin Robertson，1982.

④ 李伟峰，梁丽霞 . 社区照顾理论及其在中国的实践问题 [J]. 济南大学学报（社会科学版），2008，18（1）：12-15.

独立且有尊严的在熟悉的生活区域养老。同时这也能够减少政府的财政支出，调动闲置资源，发展社会文化，实现真正的“体育与养老融合”。

三、社会支持理论

陈成文（2000）通过对社会支持理论的研究指出，社会支持理论在20世纪70年代才成为一个正式的学术用语，是为了更好地解决社会学和医学等相关专业，在实务工作中遇到的服务对象、患者在其所具备的社会支持网络中，有选择的获取物质、精神及心理等方面的帮助与支持。[①]社会支持网络主要是通过借助其他个体、群体、社会组织等社会的各个方面所具备的相应资源，对个体提供物质及精神心理上的支持与帮助，主要由主体、客体和内容三个要素组成。支持主体是指提供服务者，小到个人、家庭，大到社区、社会组织，也可以是国家等更大的社会形态来承担支持主体的工作；支持客体是指服务对象，这类人群一般是需要他人施以援手的社会弱势群体，如青少年、老年人和残疾人等；支持内容是指所提供的具体帮助，既包含物质生活帮助，更为主要的是对服务对象的精神和心理情感支持。

根据社会支持来源的不同，还可以将社会支持理论进一步细分为正式与非正式的社会支持。正式社会支持是指来自政府行政部门（如社保部门、民政部门和财政部门等）、准行政部门（如妇联、残联和工会等）及社会正式组织（如社区、学校和社会公益组织等）所提供的正式的各种制度性支持。非正式社会支持的来源主要是支持客体生活环境周边的个体所提供的支持，包括来自父母、子女和配偶等以血缘关系提供的亲属支持，邻居、宗族、老乡等以地缘关系提供的社会支持，以及朋友、同事、同学、师生等以业源关系提供的社会支持。

由于不同学科领域的学者对社会支持理论持有各自的理论视角，因此学者们对社会支持也做出了不同的解释。中国学者程虹娟（2004）从三个角度归纳了社会支持的定义。一是根据社会互动关系来定义社会支持，社会支持不仅仅是一种单向的支持、关怀或帮助，它在多数情形下是一种社会交换，表现为人与人之间的社会互动关系；二是根据社会行为性质来定义社会支持，社会支持是提供给个人的信息，它导致某人相信自己被关心、被爱护、有自尊、有价值，或者导致某人相信自己是一个相互承担责任的社交网络中的一员；三是根据社会资源的作用来定义社会支持，社会支持来自

---

① 陈成文，潘泽泉．论社会支持的社会学意义[J]. 湖南师范大学社会科学学报，2000，6（6）：25-30.

人们联系的方式、支持网络成员的帮助及成员间的资源交换。

本研究通过社会支持理论视角，研究社区养老的老年群体的养老服务、公共体育服务等情况，从正式与非正式主体层面切入，分析老年人在社区养老过程中所面对的问题和需要，然后通过调研并结合问题，提出如何从家庭、社区、社会组织及政府层面来构建成熟可行的“体育与养老融合”模式。

四、健康促进理论

“健康促进”一词最早出现在公共卫生领域。1986 年首届国际健康促进大会通过了《渥太华宪章》，第一次正式提出“健康促进”的概念，指出健康促进是促使人们提高、维护和改善他们自身健康的过程。[①] 世界卫生组织（WHO）对健康促进的定义为：“健康促进是促进人们维护和提高自身健康的过程，是协调人类与环境之间的战略，规定个人与社会对健康各自所负的责任”。[②] 也就是指，健康促进涉及人类健康和生活的各个层面，是运用多种学科、多个部门、多种手段来增进人类健康的过程，其工作主体是社会的各个领域和部门。健康促进强调个体、家庭、社区和各种群体的积极参与，促进人与环境的协调、可持续发展。

Tannahill A.（1985）通过对健康促进理论的研究认为，健康促进是一系列保持和加强健康的行为，它可以通过提高人的技能和改变社会、经济、环境条件等得以实现。[③] 因此，健康促进理论是建立在系统的概念上，要求从整体系统的角度入手将促进健康的措施有机组合起来。中国学者王英蓉（2010）认为健康促进理论是通过分析“个人特征及经验—特定行为认知及情感—行为结果”，来挖掘健康促进的策略。[④] 近年来，健康促进理论在不断发展，健康促进的目的是充分发挥个体、家庭、社区及政府和各部门的健康潜能，调动一切可以利用的力量，控制影响健康的各种危险因素，以增进身心健康和提高生活适应状态的健康素质。

健康促进不仅关乎加强个人技能和能力，还关乎改变社会、经济环境条件，以便减少对公众和个人的影响。从实施结构上看，健康促进离不开个人、家庭、社区和国

① WHO. 渥太华宪章 [G].（1998）// 殷大奎 . 健康教育健康促进重要文件选编．北京：中国人口出版社，1998：12-15.

② McKenzie J.F.，Smeltzer J.L.. Health promotion programs（3rd Ed）[M]. Boston：Allyn and Bacon，2001：55-67.

③ Tannahill，A.What is health promotion? [J]. Health education journal，1985：167-168.

④ 王英蓉，朱翠凤，卞苏环．健康促进生活方式及研究进展 [J]．中华护理教育，2010，7（7）：328-330.

家协同互动，上述参与体需要共同采取相应措施鼓励健康行为，才能提高公民改善与促进健康问题的能力。由此可见，充分发挥个人、家庭、社区和政府部门的健康潜力，寻求解决影响健康相关问题的方法，对增强或保护民众健康，提高个人和群体的整体健康水平，延长寿命，进而提高人们的生活质量具有重要意义。

健康促进相关的政策和文件也已经获得世界各国的高度关注，而持续促进健康也势必需要各国政府提供相应的政策支持。2019 年 6 月，中国国务院印发《国务院关于实施健康中国行动的意见》（以下简称《意见》），提出实施老年健康促进行动。《意见》明确指出，老年人健康快乐是社会文明进步的重要标志，要面向老年人普及体育锻炼、定期体检、健康管理、心理健康及合理用药等知识。要健全老年健康服务体系，完善居家和社区养老政策，推进医养结合，探索长期护理保险制度，打造老年宜居环境，实现健康老龄化。《意见》还指出，到 2022 年和 2030 年，65—74 岁老年人失能发生率有所下降，65 岁及以上人群老年期痴呆患病率增速下降。通过上述文件不难发现，国内学界或实践领域认为，运动是一种促进健康的干预手段，通过运动可达到促进健康目的。

社区作为与居民日常生活、活动接触最为密集的区域，社区的健康促进工作可以加强社区居民之间的活动交流，提高居民整体健康水平。可以说健康促进在社区养老工作中占据非常重要的位置。本研究通过健康促进理论视角，对社区养老模式下，通过公共体育服务对社区老年人提出对应的健康教育和健康提升策略，能够有针对性地为社区老年人定制健康发展促进策略，降低危险因素对老年人健康的不良影响。以更好地推动公共体育服务在社区养老中的作用，促进“体育与养老融合”的发展。

第三节 先行研究

一、关于公共服务的研究

从思想渊源看，公共服务的研究更早源于西方国家，可以追溯到近代思想家洛克的自然权利说，主张生存和经济社会权利是任何独立于组织之外的人享有的权利，民众权利的天然所有及其实现，为公共服务的创立和发展提供了充分的理由。卢梭的社会契约论中的公共意志的主张，又为代表统治阶级的行使公权力的政府为民众提供公共服务作为责无旁贷的义务提供了理论上的论证。而后，边沁与密尔的功利主义的效用平等观、罗尔斯的社会基本善的平等观、德沃金的平等待遇和资源平等观、诺齐克的自由平等观，以及阿玛蒂亚·森林来自第三世界的可行能力的平等观，这些来自哲学、政治学、经济学等名家的思想，都为公共服务理论和实践提供了广泛的理论资源。

（一）公共服务范畴的研究

自20世纪六七十年代，新公共行政、新公共管理及新公共服务理论逐渐兴起（这些理论源自先进国家公共管理的实践），既推动了西方发达国家的公共服务进步，也直接推动了我国公共服务理论和实践的快速发展。近年来，包括联合国在内的一些国际组织和国外学者对基本公共服务内容、原则、机制等方面进行比较充分的讨论和确定，达成了一定的共识。围绕公共服务中的效率和公平两大基础原则，逐渐形成了英美模式、欧洲模式及东亚模式的认识，并且对相应国家的公共服务改革模式也有深入研究。

按照联合国政府职能分类体系，政府公共服务包括普通公共服务与公共安全、社会服务、经济服务、未按大类划分的支出等；联合国这种分类充分考虑到政府职能体系中的公共服务内容或范围的全面性，但基本上和政府的公共行政范围相似，容易出现混淆，不利于特定的公共服务内涵和内容的研究，也难以对特定的公共服务实践进行有效的指导或提供有建设性的指南。Riccardo，Fiorito（2005）等人把政府公共服务分为“公共产品”和“价值产品”。这种分类把私人供给与政府供给并列，把不同的公共服务与相应的供给主体联系起来。公共服务是一个很宽泛的概念，西方国家公共服务改革实践对公共服务的内涵也产生了很大的影响。公共服务改革打破了政府等公共部门的垄断提供，非公共部门的参与使公共服务发生了很大的变化。主体的区分难以有效地区分公共服务的性质，但主体特性又是公共服务特征的重要来源之一。

中国学者马庆钰（2004）从法律和所有权角度对公共服务进行说明，他认为公共服务主要指由公法授权的政府和非政府公共组织及有关工商企业，在纯粹公共物品、混合公共物品及特殊私人物品的生产和供给中所承担的职责。这一定义反映了公共服务的公法性的特征。孟春（2004）从“什么是公共服务及其范围”“提供多少，如何融资、生产与定价”“需要建立什么样的机制来实现公平与效率”“制度建设与激励机制是什么”四个层次提出了一个完整的公共服务分析框架。其中包含了公共服务的内容和范围、提供方式的选择以及提供机制的有效性和制度激励，有利于增进对公共服务系统各层次要素的理解，也能为改进公共服务实践提供一定指南。姜异康（2011）的研究认为公共服务是以政府等公共部门为主提供的，满足社会公共需求、供全体公民共同消费与平等享用的公共产品和服务。

也有学者从人权的内容来理解公共服务的内容，并从人权的地位属性来衡量公共服务的地位属性。如唐钧（2006）认为，公共服务领域或称社会领域中，有六项公民权利是国家必须予以保障或满足的，即生存权、健康权、居住权、受教育权、工作权和资产形成权。这六项需求对公民而言，是不可或缺的，甚至是没有商榷余地的。顾丽梅（2008）的研究认为，无论在中国还是西方国家，公共服务的本质是为国家和地区的发展提供私人物品之外的必要公共资源，是政府应该承担的基本责任，公共服务改革本身是对政府公共管理的探索和实践。李军鹏（2007）对公共服务的分类、政府在公共服务中的职责、公共服务与公共产品的等方面进行了比较系统的分析。他认为依据公共服务的水平，可将公共服务分为基本公共服务和非基本公共服务两类。多数学者也认为公共服务与公共权力、公共资源是紧密联系的。中国政府也对公共服务的职责和目标达成了共识，提出要健全基本公共服务体系，提高公共服务水平，增强均衡性和可及性。

（二）公共服务供给研究

一个国家公共服务体系的形成与发展，与其特定的经济社会发展条件相适应。西方福利国家通过不断地发展与改革，建立起相对完善的公共服务体系，国外的公共服务供给研究起步较早。西方学者主要从功利主义及公平正义两个角度，论述了公共服务供给在现代社会生活中的必要性。

边沁的功利主义提出，由个人效用加总得出的社会总效用是判断制度正义与否的主要标准。斯密由此将提高社会效用的公益事业划入政府职能，通过公共需求的满足提高社会总效用水平，使得公共服务供给成为政府重要的职能。功利主义只考虑社会总体福利水平，却忽视了福利在社会中的分配状态，可能导致严重的社会分配不公。罗尔斯（2009）的公平正义理论认为，社会制度是消除不平等状态的基础，实现正义的社会道德基础是社会制度的终极目标。社会制度需要符合“平等自由原则”及“差别原则”，即在机会平等的基础上按照社会中最少受惠者获得最大利益的方式分配财富。而阿玛蒂亚·森的“可行能力理论”认为，社会福利水平的提高在于个人能力的提高，为公众提供标准差异但最终结果大致均等的公共服务是政府的主要职责，也是提高社会成员能力、增进社会福利水平的重要保障。

地方政府的公共服务供给与其掌握的财政资源高度相关。从公共服务供给水平来看，国家规范的财政分权，使得地方政府在吸收及扩大财源方面具有体制内的自由度，但是财政分权是一把双刃剑。一方面，部分研究认为财政分权有利于提高公共服务供给水平。Tiebout C. M.（1956）的研究认为，由于更加接近公共服务受众，地方政府在居民偏好及供给成本方面比中央政府更具优势。另一方面，也有部分研究认为财政分权不一定有利于公共服务供给水平的提高，公共服务供给水平的提高是多重因素作用的结果，缺乏制度配套的财政分权，并不一定有利于公共服务供给水平的提高。

与西方国家积累了丰富的研究成果相比，我国政府公共服务供给研究起步较晚，仍处于稳定发展之中。国内研究大多认为，财政分权是地方政府基本公共服务供给不足的主要原因。在财政分权及经济增长强激励的背景下，地方政府更倾向于将有限的财政资源，投向能够显著促进经济增长的领域，导致科学技术、公共服务及生态环境等公共产品与资源存在普遍供给不足。

王俊（2016）的研究表明，财政分权与区域竞争相结合，地方政府对基础设施建设更感兴趣，使得基本公共服务等正外部性较强的公共产品支出被挤出。杨刚强（2017）认为基本公共服务的供给需要财政投入的周期较长、见效较慢且成果不易量化，地方政府在基本公共服务供给方面的积极性不高。闫文娟（2012）的研究认为生态环境保护是一种重要的基本公共服务，财政分权使得地方政府更倾向于搭便车而缺乏治理环境的主动性，尤其是空气和水等具有全局性的公共资源。张华（2016）的研究表明，为吸引投资，地方政府围绕生态环境政策展开了逐底竞争，使其放松环境规制的执行，进而导致普遍性的环境污染问题。丁鹏程（2019）通过对省级面板数据的固定效应模型检验，也证实了财政分权与空气污染的显著正相关关系。

中央考核制度对地方政府基本公共服务供给也具有一定的影响。地方政府存在重经济发展轻基本公共服务供给的行为，这一行为实际是对中央经济增长偏好的反映。“晋升锦标赛”理论认为，中央在提拔干部时往往依据事先确定的考核指标对地方官员进行排名，GDP 作为一个与地方官员努力程度相关的明确可测指标，GDP 的增速也长期充当着中央对地方政府绩效展开考核的关键指标。地方官员为相对排名靠前可获得的晋升机会展开竞争，由此塑造了地方官员竭力提高本地 GDP 增速的最优策略。罗党论（2015）等根据各级官员职位变动数据的实证研究，也证实了基于GDP增速的“晋升锦标赛”机制。

中央与地方事权划分制度对地方政府基本公共服务供给也具有影响。随着中央对公共服务重视程度的提高，中央与地方间事权划分问题成为地方基本公共服务供给的主要影响因素。文宏（2014）通过对中央政府工作报告的研究发现，中央政府对基本公共服务的注意力不断上升，其中对教育的关注度最高，对社会保障的关注度增长较快。姜晓萍（2015）的研究指出，中央的基本公共服务均等化政策是沿着“普惠化—均等化—优质化”的递进规律演化，公共服务政策逐渐从“保生存、能兜底、有供给”向“优生活、高品质、满足需求”的方向发展。但是，中央与地方之间事权划分的不合理，也会制约地方政府基本公共服务供给水平的提高。

中央转移支付制度对地方政府基本公共服务供给具有重要的影响。转移支付制度是弥补地方财力缺口的重要手段。鲍曙光（2016）的研究指出，转移支付制度有利于缩小地方间的财力差距，尤其是一般性转移支付及税收返还具有更强的均等化效应。崔志坤（2017）从转移支付对地方公共服务供给的关系研究得出，转移支付提高了地方财政支出效率。李丹（2016）等人认为均衡性转移支付也促进了贫困地方基本公共服务的供给水平。郑垚（2018）的研究指出，转移支付能够有效地扩大地方基本公共服务支出规模，这种促进作用在财政自给率高于门槛值时尤其显著。

（三）公共服务管理研究

公共服务的高效供给与管理体系的完善密切相关。中国政府公共服务管理随着国家社会经济发展水平和发展需要而不断变革。公共服务管理的发展主要集中在绩效衡量、增强政府提供公共服务的能力、提高效率等方面。

绩效衡量是衡量公共服务提供效率和效果的重要方法之一。绩效衡量是被用作提高公共服务质量和效率的关键工具。绩效衡量标准有助于衡量和评估政府提供公共服务的能力，从而有助于确定改进的方向。绩效衡量是完善政府政策和制度、提高公共服务提供效率的重要途径之一。近年来，中国政府着力加强政府提供公共服务的能力，建立绩效衡量和评价体系。

此外，中国政府公共服务管理也将效率提升作为重要目标。通过完善政府机构和流程、优化资源配置、调整组织结构，提高公共服务提供的效率。为提高公共服务提供的效率，中国政府正在完善各项政策和制度，优化政府组织结构和运行，有效管理资源配置。

增强政府提供公共服务的能力是我国政府公共服务管理的重要目标之一。政府提供公共服务的能力取决于政府组织、领导、制定和执行政策的能力，而要有效强化这些能力，就需要政府组织创新和强化能力。为增强公共服务能力，中国政府推动组织文化和能力建设变革，努力提高公共服务提供的效率和效果。

综上所述，国外学者对公共服务的研究起步较早，国内在地方政府行为层面，已有文献着重研究及分析了地方政府的经济行为，对地方政府基本公共服务供给，尤其是体育公共服务行为的研究相对较少，而实证研究则非常匮乏，仍需进一步研究。

二、关于养老服务的研究

本研究通过对中国知网、维普、万方数据库运用专业检索表达式检索，检索条件为“主题=（老年人+社区老年人+城市老年人+健康老龄化）×（养老体系+养老模式+养老服务+社区养老+机构养老+智慧养老+医养结合+体育与养老融合）”。检索时间为2002—2022年，期刊来源类别选择SCI来源期刊、EI来源期刊、北大核心、CSSCI和CSCD期刊进行检索，得到相关文献7051篇。通过对文献的研究发现，自2010年开始，中国对养老方面的研究明显增多。近20年来，关于养老方面的研究主要集中在老年人和养老机构、养老服务、养老模式等方面，而大部分的研究首先与中国政治及国际政治相关，其次是社会学。这说明养老问题或人口老龄化问题是一个国际性和社会性的问题，严峻的养老形势引起了国内学者对养老问题的关注，国内学术界对养老问题的关注度日渐上升，“养老”研究已经成为国内学术界的一个热点研究领域，养老问题需要国家机关和行政机构及社会的共同努力，才能更好地解决。

（一）关于养老模式的研究

关于养老服务，一般主要集中于对养老服务体系、养老服务模式、智慧养老等问题进行研究。一般养老服务体系被认为是政府为了满足老年人的养老需求而建立的，主要体现在服务内容、服务设施、组织、人才、技术、制度等方面。我国学者梁爽通过使用文献结果荟萃分析法对我国养老服务方面的文献进行分析，得出我国的养老服务随着金融、政策、经济和社会的发展，已经逐渐形成了以居家为基础、社区为依托、机构为补充，可持续提供社会保障的多层次立体化养老服务体系。

对于养老服务模式的区分，许多学者通过概念的区分提出了自己的观点。如王珂提出应当以居住场所和服务来源这两个根本性的方面作为与其他养老方式相区分的标准，并在此基础上提出家庭养老、居家养老和机构养老的养老模式且进行了比较。张明锁和韩江风认为按照老年人的居住场所和接受的服务作为标准区分不同的养老模式过于简单，应按照承担养老责任的权重来界定，提出了家庭养老、自我养老和社会养老的养老模式，并指出家庭养老应涵盖养老院、互助幸福院、日间照料中心等形式。[①] 但以老年人居住场所和接受的服务作为不同养老模式的区分标准，在某种程度上混淆了家庭养老与社区养老、机构养老之间的区别，不利于居家养老、社区养老和机构养老的发展。

高和荣以赡养老年人的义务作为不同养老模式的区分关键因素，并进一步提出生活照顾、精神慰藉和物资供应等最终支持力可作为不同养老方式的区分标准，最终支持力来自家庭、自我和社会，并由此分别构成家庭养老、自我养老和社会养老模式。以此为标准，家庭养老应涵盖家人养老、敬老院、老年人公寓等多种形式。[②] 以最终支持力作为区分标准容易扩大家庭养老的内涵和外延，导致与其他养老模式产生界限不清的问题，而且还易忽视由不同支持力共同构成的交叉领域，如作为最终支持力的家庭成员和社会的交叉融合可产生居家养老、社区养老等养老模式。仅通过概念来区分不同养老模式是较为狭隘的。

王延中和龙玉其（2018）的研究表明，养老服务体系的发展主要具有五个基本特征：第一个特征为近年来养老服务体系发展目标与方向日益明确；第二个特征为养老服务的社会化和市场化发展愈发积极，社会和市场的双主体作用也愈发明显；第三个特征为政府对养老机构的建设投入逐渐加大；第四个特征为越来越重视社区养老和居家养老的发展；第五个特征为医养结合与老年护理服务越来越被重视。[③]

关于养老模式的分类，中国最早是上海市于 2007 年民政事业“十一五”规划中提出的所谓“9073”养老格局的划分，随着研究进一步拓展，我国学者对养老模式进行了更多重的划分，占主流的有“二分法”“三分法”“四分法”及“六分法”等。[④] 中国学者将养老模式分为传统养老模式和新型科技养老模式。传统养老模式主要包含居家养老、社区养老、机构养老、医养结合等模式；新型科技养老模式一般被认为是“互联网＋养老”以及智慧养老等模式。现今，我国新型科技养老的主要模式是“互联网＋养老”——为了让老年群体的养老基本条件需求得到满足，通过大数据、物联网、人工智能、网络神经学习等技术，促进养老的供给侧服务，从而促使养老服务的可持

① 张明锁，韩江风．责任分配视角下家庭养老概念的重新解读 [J]. 华北水利水电大学学报（社会科学版），2017，33（4）：71-75.

② 高和荣．家庭养老概念再探析 [J]. 西北人口，2002（4）：45-47.

③ 王延中，龙玉其．我国养老服务体系建设的进展、问题与对策 [J]，中国浦东干部学院学报，2018，12（2）.

④ 郑秀云，冯夕芸，樊霞．我国中老年人养老意愿及其影响因素的研究进展 [J]. 延安大学学报（医学科学版），2022，20（1）：81-84.

续和健康发展。

关于养老模式的分类，本研究认为，随着我国经济、科技的飞速发展，现今较为主流的养老模式主要有居家养老、社区养老、机构养老、医疗与养老结合以及智能养老等模式。

（二）关于社区养老的研究

《联合国老年人原则》强调，老年人应按照每个社会的文化价值体系，享有家庭和社区的照顾和保护。受中国传统孝道文化的影响，老年人更愿意随子女一起生活。[①]国外对居家养老服务的研究起步较早，也已经形成了多种特色的社区养老服务体系。中国在长期享受“人口红利”的同时，一定程度上忽视了计划生育政策实施后独生子女将面临的养老负担，而在人口老龄化浪潮下，单纯依赖家庭提供的养老服务越来越难以满足老年人的养老需求。[②]

关于社区养老服务的实证研究国外开展得较早，发达国家对养老服务政策评价的研究在 20 世纪 90 年代已经比较成熟。大多数研究运用经济学和统计学方法，通过科学的指标体系构建，对养老服务政策实施效果进行评价。Bjorkgren 对美国社区养老管理办法进行绩效评价，发现该管理办法在规模较小的社区实施效果不显著，而在规模较大的社区实施效果更好。[③]Ozcan 应用数据包络分析方法和 logistic 回归模型，通过引用政策内容、政策实施、政策效果 3 项一级指标及其细分的 7 项二级指标、31 项三级指标，对美国老年保健政策进行评价和分析。[④]Kooreman 在对荷兰社区养老机构调研时，通过引入政策方案、政策传达、政策监督等指标，对社区养老服务护理服务进行实施效果评价，结果显示该护理标准的实施效果较好，并运用多元回归模型、Tobit 模型探究政策实施效果的影响因素。[⑤]关于社区养老服务对老年人生活质量的影响研究，Rapley M. 的研究显示，有效的社区服务能够提高居民的生活质量，社区活动是决定个体生活质量的重要因素之一。[⑥]澳大利亚学者通过社区的支持与培养，发现社

① 王涤，周少雄．中国孝道文化的时代演进及其老年学意义 [J]. 市场与人口分析，2003，9（1）：67-71.

② 曲嘉瑶，孙陆军．中国老年人的居住安排与变化：2000—2006[J]. 人口学刊，2011（2）：40-45.

③ Bjorkgren. American Community pension management approach Performance Evaluation[M]．2009.

④ Ozcan. American elderly health policy evaluation and analysis[M]．2010.

⑤ Kooreman. Dutch pension institutions to conduct research community[M]．2011.

⑥ Rapley M．Quality of Life Research：A Critical Introduction[M]．London：Sage，2003：43-45.

区服务能够有效提高居民的生活质量。[①]Whiteley P. 等学者的调查发现，社区微观层面的服务供给，能使居民直接受益、提升个人福利。[②]

国内多数学者关于社区养老的研究还停留在模式构建探索、概念界定、建设方案等阶段。中国学者对社区养老提出了很多种不同的定义，这些定义有一个共同点，都把社区养老作为一种单独的养老方式，社区养老既不是家庭养老，也不是机构养老，而是把社会机构中的养老服务引入社区，并在社区中开展的在家养老模式。社区养老同时具备家庭养老和机构养老的优点，是以家庭为核心，以社区为依托，依托专业化队伍开展服务的养老方式。从服务场所来看，社区养老不一定是在家养老，其包括两类场所：一是老年人的家；二是社区养老机构。有的老年人选择白天在社区养老机构接受服务，晚上回到自己家中居住；而有的老年人选择全天留在社区养老机构接受服务。从社区养老的服务来源来看，一般有三种：第一种是家庭成员；第二种是社区养老中心；第三种是专门的服务团队。

我国关于社区养老方面的实证研究起步较晚，也相对较少，但已有的研究表明社区养老服务能提高居民生活质量。李德明指出，与未得到社区养老服务的老年人相比，得到社区养老服务的老年人生活满意度更高。[③]徐延辉和黄云凌通过对深圳、厦门两地的抽样调查，发现基层社区公共服务能够提升低收入居民的生活质量。[④]周红云等人基于湖北省调查数据，指出社区居家养老服务能显著提升老年人的生理和心理健康水平。[⑤]马文静等人基于 CLHLS 数据研究发现，社区养老服务对老年人生活满意度有正向影响。[⑥]程翔宇对中国老年健康影响因素跟踪调查发现，以社区为依托提供养老服务的政策是有效的，社区养老服务对老年人的生活质量产生了积极的影响，能够获

---

① Australian Bureau of Statistics. Measuring Wellbeing：Frameworks for Australian Social Statistics. Canberra：Australian Government Printing Service，2001：56-58.

② Whiteley P.，Clarke H. D.，Sanders D.，Stewart M. C.. Government performance and life satisfaction in contemporary Britain[J]. The Journal of Politics，2010：733-746.

③ 李德明，陈天勇，李海峰 . 中国社区为老服务及其对老年人生活满意度的影响 [J]. 中国老年学杂志，2009，29（19）：2513-2515.

④ 徐延辉，黄云凌 . 城市低收入居民的幸福感及其影响因素研究 [J]. 经济社会体制比较，2013（4）：158-168.

⑤ 周红云，陈晓华，董叶 . 社区居家养老服务对城市老年人健康的影响 [J]. 统计与决策，2018（17）：98-101.

⑥ 马文静，郑晓冬，方向明 . 社区养老服务对老年人生活满意度的影响——基于健康水平与闲暇活动的中介效应分析 [J]. 华南理工大学学报（社会科学版），2019，21（1）：94-107.

得社区养老服务的老年人生活质量较高。① 另有一些学者研究老年人幸福感影响因素时发现，社区服务水平越高、质量越好，老年人的幸福感越高。②

综上所述，国外学者对于养老服务政策评价的研究及社区养老服务的研究内容较为丰富，方法也较为规范和科学。而国内相关研究起步较晚，仍需进一步完善。

三、关于老年人运动与健康的研究

学界关于老年人运动与健康的研究开展较早，国外对老年人运动行为的研究主要包括老年人通过运动获得生理机能改善和心理愉悦；通过运动干预，为患病老年人进行康复训练，以及为肌肉减少症、慢性非特异性疼痛、老年痴呆等做预防研究。国内学者主要是研究老年人锻炼现状和影响因素；通过具体运动干预对老年人身心健康、平衡能力、骨骼肌质量等方面的效果研究。而治疗疾病、强身健体、社会交往、消遣娱乐是老年人积极运动的主要动机。

（一）老年人运动与身体健康的研究

Franklin 等学者发现虽然生物学衰老过程不可逆转，但运动是限制慢性病和残疾状况发生、发展的有效途径，可以提高老年人体适能并延长积极的预期寿命。③Arrieta 等人的研究发现，运功干预可以改善老年人的各项身体机能指标。④ Phu 等人的研究发现，包括抵抗力和耐力运动训练在内的常规运动计划，将通过改善肌肉质量、力量和功能来对肌肉减少症产生重大的积极影响。⑤Oliveira 等人的研究发现，普拉提和跑步等有氧运动对慢性非特异性疼痛老年患者具有减轻疼痛的效果。⑥Blair 在对高龄老

① 程翔宇 .“社区为依托”的养老服务有效吗——基于老年人生活质量的检验 [J]. 社会保障研究，2019（3）：25-32.

② 温海红，王怡欢 . 居家社区养老服务质量及其影响因素分析——基于陕西省三市调查数据 [J]. 河北大学学报（哲学社会科学版），2019，44（2）：139.

③ Franklin B. A.，Lavie C. J.，Squires R. W.. Exercise-Based Cardiac Rehabilitation and Improvements in Cardiorespiratory Fitness：Implications Regarding Patient Benefit[J]. Mayo Clinic Proceedings，2013，88（5）：431-437.

④ Arrieta H.，Rezola C.，Zarrazquin I.. A Multicomponent Exercise Program Improves Physical Function in Long-Term Nursing Home Residents：A Randomized Controlled Trial[J]. Experimental Gerontology，2018，103：94-100.

⑤ Phu S.，Boersma D.， Duque G.. Exercise and Sarcopenia[J]. J Clin Densitom，2015，18（4）：488-492.

⑥ Oliveira，Naiane Teixeira，Bastos De.. Effectiveness of the Pilates method versus aerobic exercises in the treatment of older adults with chronic low back pain：a randomized controlled trial protocol[J]. BMC Musculoskeletal Disorders，2019，20（1）：250.

年人健康体适能与死亡率的研究中发现，健康体适能状况最差的 20% 老年人相比最好的 20% 老年人，全因死亡（all-cause mortality）风险显著增加。[①]Wójcicki 等人的研究显示，专门性运动干预对老年人下肢力量及上肢灵活性具有显著的效果，对其他躯体功能则无显著性影响。[②]

近年来国内学者也开展了关于老年人运动与体质健康的研究。张鹏在对《2008 美国体力活动指南》的解读中发现，老年人参与规律的运动能够预防或推迟身体功能受限的发生，促进或维持身体功能，降低老年人跌倒及其相关伤害的风险。[③]申晋波和张林对老年人运动与健康体适能的关系研究表明，运动等级与健康体适能之间呈正向相关，规律性并具有一定强度的运动能够对 70 岁以上老年人健康体适能产生积极影响。[④]兰海峰等人的研究显示，通过运动干预可以显著改善老年人的骨密度。[⑤]陆小香的研究表明，身心机能活化运动可有效促进老年人在关节活动度、肌力、平衡与协调，内脏与神经功能等方面的改善，进而改善老年人睡眠质量和日常生活活动。[⑥]李月红通过对 60—65 岁女性老年人的实验研究发现，广场舞对降低女性老年人的心率、提高肺活量有明显意义，而且干预时间越长效果越明显。[⑦]梁占歌等人发现通过太极拳与广场舞的运动干预，老年人的下肢肌力量和平衡能力有明显改善。[⑧]

（二）老年人运动与心理健康的研究

对于老年人而言，地位、角色、生理功能和环境的变化，都可能使其感到力不从心，进而引发不良情绪。在老年人口学研究中，生活质量、孤独感、自尊和自我效能等均作为重要社会心理学变量而被广泛使用。Nishigushi 等人的研究发现，运动组实行每

---

① Blair S. N., Kohl H. W., Paffenbarger R. S.. Physical fitness and all-cause mortality[J]. A prospective study of healthy men and women.JAMA., 1989, 262: 395-401.

② Wójcicki T. R., Fanning J., Awick E. A.. Maintenance Effects of a DVD-Delivered Exercise Intervention on Physical Function in Older Adults[J]. The Journals of Gerontology, 2015, 70（6）: 785-789.

③ 张鹏 . 体力活动与中老年人功能健康 [J]. 体育科研，2011，32（1）：51-56.

④ 申晋波，张林 . 70 岁以上老年人体育锻炼与健康体适能相关性研究 [J]. 体育科研，2020，41（6）.

⑤ 兰海峰，冯建忠，吴冬冬，蔡静婷，赵自平 . 社区运动干预对老年骨质疏松性骨折的影响 [J/OL]. 中华关节外科杂志（电子版），2017，11（2）：94-97.

⑥ 陆小香 . 身心功能活化运动对社区和养老机构老年人健康的促进作用 [J]. 中国老年学杂志，2017，12（37）：5956-5959.

⑦ 李月红，周娟 . 广场舞运动对 60—65 岁女性老年人心肺功能影响的实验研究 [J]. 渭南师范学院学报，2018，33（12）：93-97.

⑧ 梁占歌，汪美芳 . 太极拳与广场舞锻炼对中老年女性下肢肌力与平衡能力的影响 [J]. 中国运动医学杂志，2020，39（4）：307-311.

周基于双重任务的多模式锻炼课程以及基于计步器的每日步行锻炼，可以提高记忆和执行功能。①

徐涛和毛志雄的研究发现，东北秧歌锻炼能够促进老年人的心理健康，在一定程度上提升老年人的整体自尊和身体自尊，缓解老年人的消极心境状态，而且低强度运动负荷的心理效益最大。②高亮的研究表明，健身气功锻炼对不同健康程度老年人身体自尊的影响效果存在差异，对“非健康”老年人的身体自尊影响显著，而且锻炼周期越长，效果越好。③李丽君等人发现，渐进式抗阻运动干预能有效减轻养老机构中衰弱老年人对跌倒的恐惧程度，提高躯体活动能力。④也有学者采用自评健康来评价被调查者对自身健康状况各方面的综合主观感受，规律的体育锻炼有助于老年人对自身健康的主观评价取向更积极。⑤研究发现经常运动的老年人，能够延缓认知功能损害及神经系统衰老，缓解焦虑和抑郁，减少其躯体疼痛并促进慢性疾病的康复，进而提高其主观幸福感。⑥社区老年人心理健康效应受体育锻炼年限、频次、强度和时间等因素的影响，有研究表明，参与体育锻炼≥ 4 年、每周≥ 3 次、每次持续时间≥ 1 小时的老年人，如果锻炼后不疲劳，其认知能力会得到提高，情绪也会更稳定。⑦很多社区老年人由于缺乏心理准备，加之习惯和思维定式难以在短时间内消除，他们会在情感、意识上排斥即将面对的老年生活方式，甚至非理性地迷恋之前的社会地位和关系，进而产生心理社会危机，导致其整体自尊水平下降，并影响生活质量和主观幸福感。研究证实，身体自尊是评价老年人健康的敏感心理指标，适宜的体育锻炼可以

---

① Nishiguchi S., Yamada M., Tanigawa T. A 12-Week Physical and Cognitive Exercise Program Can Improve Cognitive Function and Neural Efficiency in Community-Dwelling Older Adults: A Randomized Controlled Trial[J]. J Am Geriatr Soc, 2015, 63（7）, 1355-1363.

② 徐涛，毛志雄 . 东北秧歌锻炼与老年人自尊、生活满意感和心境的关系 [J]. 北京体育大学学报，2013（10）：82-87.

③ 高亮，王家宏 . 健身气功锻炼对不同健康程度老年人身体自尊改善效果的研究 [J]. 山东体育学院学报，2016，32（3）：63-67.

④ 李丽君 . 渐进式抗阻运动对养老机构衰弱老年人的影响 [J]. 护理学杂志，2022，37（22）：90-93.

⑤ 窦正毅，李翠霞 . 南宁市部分社区老年人体育锻炼与健康自评情况及其关系研究 [J]. 体育科技，2021，42（3）：77-78.

⑥ 曲天敏，苏浩 . 体育锻炼对老年人心理健康的影响［J］. 中国老年学杂志，2017，37（16）：4164-4165.

⑦ 常佳，王莎莎，李爱娇，等. 体育锻炼对老年人心理健康的影响［J］. 中国老年学杂志，2018，38（5）：1133-1135.

提高老年人的身体自尊得分。[①]

此外，还有学者提出增加家庭给予的精神慰藉、提高医疗服务的可及性、完善社区提供的精神慰藉等养老服务措施，能够有效缓解老年人身体健康水平下降对心理健康的负面影响。综上所述，国内外学者相对集中于研究运动干预对老年人肌体健康和心理健康的研究，对社会健康的影响研究较少，综合社区养老模式下公共体育服务供给和运动双重因素对老年人健康影响的研究更匮乏。

四、关于体育与养老融合的研究

进入 21 世纪以来，在人口老龄化的背景下，由于老年人口增加，人口压力增大，欧美国家公共政策的优先事项发生变化，制定面向健康老龄化的公共卫生政策成为欧美国家的最高优先事项。面向人口老龄化的体育与健康公共政策的研究由此成为国外学界研究的重点。Cameron H.[②] 通过对英国战略部门和总理办公室发布的“运动计划”（Game Plan）的实施及德国体育协会 DSB（Deutsche Sportbund）在老年人体育服务方面的努力，来探讨政府和社会组织在老年人体育方面是如何发挥作用及存在的问题。研究认为，英国的“运动计划”由政府和非政府伙伴组成的国家联盟参与商讨和组织老年人体育活动；德国政府的政治倡议指导家庭、老年人、妇女和青年组织，以及其他政府部委协同实现鼓励老年人积极参与体育活动的目标。Agnieszka Sowa 的研究指出，促进体育活动和充分的营养是明确的面向健康老龄化的公共卫生政策的关键领域[③]。

此外，国外学者还对运动与社区发展的关系开展了研究。Nicola Bolton 等人[④] 基于布莱耐格温特（Blaenau Gwent）自治市委员会的案例研究了社区体育发展的经验：关注个人偏好才能更好地吸引人们参与服务体育服务，从而发展社区归属感。Elaine O’Brien[⑤] 研究了在美国新泽西州的社区连续运行 23 年的社会健身项目“团体舞蹈

---

① 王涛，高亮．健身气功锻炼对老年人心境状态影响的调查研究［J］．武汉体育学院学报，2013，47（8）：59-62．

② Cameron，H.．Policy priorities for seniors and sport in Germany and the UK[J]，Journal of Aging and Physical Activity，2004，12（3）：287.

③ Agnieszka Sowa，Beata Tobiasz-Adamczyk，Roman Topór-Mądry ，Andrea Poscia，Daniele Ignazio la Milia. Predictors of healthy ageing：public health policy targets[J]. BMC Health Services Research，2016，16（Supp l5）：441-453.

④ Nicola Bolton，Scott Fleming，Bernadette Elias. The experience of community sport development：a case study of Blaenau Gwent[J]. Managing Leisure，2008，13（2）：92-103.

⑤ Elaine O’Brien. Move 2 Love and Vibrancy：Community Dance/Fitness[J]. Women & Therapy，2008，39：171–185.

M2L”（Move 2 Love），研究认为 M2L 项目除了在高危人群中实现避免吸毒成瘾的最初目标外，该方案还具有降低疾病负担以及提高身体、社会和心理健康的效果，为老年女性参与者的福祉做出了贡献。此外，M2L 项目促进了会员之间的感情和团结感，体验分享创意和审美享受，有助于促进健康，并令人充满活力。Janine Partington[①] 通过对位于英国小城镇的罗夫特拉社区（the Roftra Community）的老年人体育活动项目 RSC 的研究，揭示社区体育项目与社区赋权的关系。该项目灵活地响应当地社区居民需求，成功地实现了其在社区的所有权和控制权，切实加强了社区赋权。研究认为，这项老年人体育活动项目能够达到预期的理想效果，成功的原因在于：本土信誉、不受宏观政治束缚的独立性及反应灵敏等特性。这项研究同时揭示了许多主流项目供应的局限性，以及小规模项目的可持续性与脆弱性。

中国关于产业融合理论的研究始于 21 世纪初。随着老龄化的加剧和老年群体养老需求的变化，养老服务供给应得到更多改善，老年公共体育服务体系建设也应当充分考虑养老模式的变革和发展要求。但是目前我国老年公共体育服务体系还难以与养老模式相适应。叶宋忠在《体育产业与养老产业的互动机制与融合过程》中提出：融合已成为 21 世纪全球经济发展的潮流。他认为融合是“破坏的创造性过程。”[②] 韩松分析发现人口老龄化具有促进服务业发展的内在动力，应把健全体育服务市场与积极应对人口老龄化的战略相结合，把增强养老产品供给与推动产业跨界融合的路径相衔接[③]。关宏认为体育产业与养老产业的融合需要政府与企业的共同合力[④]。何秀丽的研究指出，养老体系和公共体育服务体系建设缺少顶层设计，使得政府、体育管理部门之间缺少必要的目标共识和行动依据，缺失相应的体制依托和保障，从而制约“体育与养老融合”发展[⑤]。在对我国东部地区 11 个省、市，体育产业与养老产业发展水平及二者融合发展情况的测度研究中发现，体育产业与养老产业发展水平在逐年提升，但发展速度缓慢，各省市养老产业发展水平和融合度低是普遍现象[⑥]。体育产业具备

---

① Janine Partington, Mick Totten. Community sports projects and effective community empowerment：a case study in Rochdale[J]. Managing Leisure，2012，17：29-46.

② 叶宋忠 . 体育产业与养老产业的互动机制与融合过程 [J]. 西安体育学院学报，2017，34（4）：442-446.

③ 韩松 . 人口老龄化背景下我国体育产业与养老产业融合发展研究 [D]. 北京体育大学，2018：152.

④ 关宏 . 浅析体育产业与养老产业融合态势测度与评价——以陕西为例 [J]. 收藏，2019，2：111-112.

⑤ 何秀丽. 老龄化背景下公共体育服务进入居家养老服务的困境研究 [D]. 北京体育大学，2019：89.

⑥ 叶宋忠 . 体育产业与养老产业融合发展协调度评价研究——以我国东部地区 11 个省市为例 [J]. 成都体育学院学报，2019，45（2）：62-69.

固有的市场发展潜力，广泛的辐射范围，以及高度的相关性和强大的驱动力特征，“体育+”或“+体育”的产业模式可促进体育与健康、养老、文化、旅游、教育实现互操作性和跨境融合发展[①]。宋和平提出公共体育服务与养老服务业融合发展，离不开政策支持与产业市场化发展[②]。

近年来，中国学者正在探索“体育与养老融合”的养老模式，并提出“体育与养老融合”这一概念。但是关于体育与养老融合的研究并不多见，目前体育与养老融合的研究还停留在概念、作用、发展现状、必要性和可行性等方面的研究，实证研究相对匮乏，有关“体育与养老融合”的研究有待进一步深入。学界对于社区体育服务相关研究不多，理论研究与实证研究相对缺乏，其研究主要集中在大数据与社区体育服务的重要价值、存在的问题与困境以及对策，实证分析匮乏。

在人口老龄化的背景下，如何健全养老服务体系，让老年人生活更加幸福；如何预防慢病，实现健康老龄化；如何激发老年人的活力，助力积极老龄化等，都将面临前所未有的挑战。因此，站在健康养老的高度，将公共体育服务与养老结合起来，构建社区养老视域下“体育与养老融合”的养老模式的研究具有重要价值。此外，通过对社区公共养老服务和公共体育服务供给存在的困境进行深刻反思，也可为社区老年人提供新的健康养老视角和理论支持。

---

① 叶宋忠，仇军．老龄化背景下养老产业与体育产业融合发展研究 [J]. 西安体育学院学报，2019，36（4）：410-414.

② 宋和平．公共体育服务与养老服务业的融合发展 [J]. 渭南师范学院学报，2020，35（11）：35-40.

◆第三章　研究设计

第一节　研究模型

本书主要研究老年人最关注的健康问题，验证提供给老年人的针对性运动服务有何效果。因此，本研究先从吉安市老年人口中，按分层抽样方式选定了约 1200 名调查对象，选择健康状况和年龄相近的两个群体，提供符合他们需求的运动服务。两个群体的设计也考虑了健康状况和年龄的相似水平，同时划分了希望提供针对性运动服务项目的群体和不提供运动服务项目的群体。

以事前调查为基础，对于接受针对性运动服务的群体提供 3 个月的针对性运动服务，再重新测量他们的健康状况，与事前测定的健康状况进行比较，验证针对性运动服务的效果。因此，本研究采用“事前—事后”及“实验—比较群体”的设计方法，分析针对性运动服务对老年人健康的影响。另外，以选择运动服务的老年人为对象，以构成针对性运动服务的因素（包括人力因素、设施接近性和便利性、运动项目、运动的频度和强度等）为自变量，以老年人的健康变化（包括身体健康、心理健康、社会健康等）为因变量，验证其因果关系。

设定为自变量的针对性运动服务包括：设计运动服务时，运动的本质内容（运动项目的内容部分）和形式层面（对运动频率和强度等）的认识，对运动服务提供者（指导者）的信任，以及对设施因素等进行了全面设定。另外，老年人的健康状况变化不仅包括运动带来的身体变化，还包括通过运动服务获得的心理及人际关系等社会健康因素。

同时，本研究还通过研究对象的人口统计因素和经济水平等因素，验证针对性运动服务对老年人健康状况变化影响的差异。具体研究模型如图 3-1 所示。

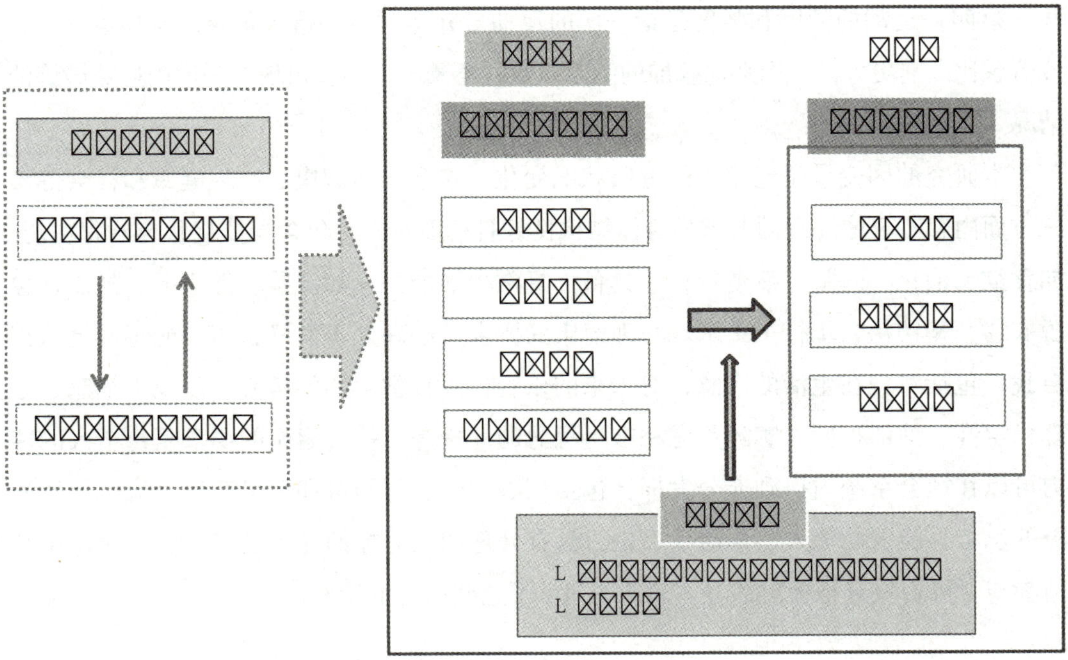

图 3-1　研究模型

第二节　变量的定义

本研究的自变量社区老年人针对性运动服务包含四项内容：人力因素、设施因素、项目运营以及运动的频度和强度。这四个自变量的定义如下。

第一，人力因素是指导者的专业性和指导内容的质量，包括指导者积极地提供运动服务；指导者在提供服务时的沟通情况；指导者的专业水平；指导者提供的运动服务时间；指导者提供的运动服务内容。

第二，设施因素包括运动设施现代化程度；使用健身设施不会因故障而带来不便；运动设施可随心调节运动服务强度；运动设施配备各种便利设施；运动设施离家很近，出行很方便；提供前往运动设施的交通服务。

第三，项目运营主要是指运动项目的多样性和合适性，包括运动计划忠实地反映了练习者想要的；练习者相信完成良好的锻炼计划会让自己更健康；运动计划以多种方式设计，以免枯燥乏味；完成运动计划对社区老年人来说不是负担；在参加锻炼计划的同时，与其他人的关系也很融洽；可以和其他人一起完成锻炼计划，并从中获得乐趣。

第四，运动的频度和强度是指一次的运动量并不对身心造成负累；参加运动后，疲劳感比以前更大；一周必须参加的练习次数并不繁重；不会出现在一周内避免锻炼的情况。

本研究的因变量是老年人的健康状况变化，包含身体健康、心理健康和社会健康三方面内容。身体健康的要求是身体结构良好且功能正常，包含身体症状与器官功能，如食欲、消化、睡眠、疲劳等；（具备）日常生活能力，如洗脸、做家务、外出、穿脱衣物、爬楼梯、步行 1 千米。心理健康的要求是心理处于良好状态，能正确地认识自我，包括对现在生活的满意，对未来的乐观，对日常生活的信心，以及幸福感、心理稳定性、抑郁程度、实际焦虑和求生意愿的评价等。社会健康的要求是每个人的能力可以在社会系统内得到充分发挥，包括家庭和睦、与同事和邻里适当交流、保持积极的思考、能否与他人协作活动、是否具有处理团队分配的任务的能力、与团体中其他参与者可否展开积极对话等。表 3-1 列举了这些内容的摘要。

表 3-1　研究变量的定义摘要

领域	变量	变量的定义
自变量	人力因素	指导者积极地提供运动服务； 指导者在提供服务时与老年人进行充分沟通； 老年人认为指导者是运动服务方面的专家； 指导者为老年人提供了充足的锻炼服务时间； 指导者提供对老年人的健康有益的运动服务
	设施因素	运动设施足够现代化； 使用健身设施不会因故障而带来不便； 运动设施可随心调节运动服务强度； 运动设施配备各种便利设施； 运动设施离老年人家很近，出行很方便； 提供前往运动设施的交通服务
	项目运营	运动计划忠实地反映了老年人想要的； 老年人相信完成良好的锻炼计划会让自己更健康； 锻炼计划以多种方式设计，以免枯燥乏味； 完成锻炼计划对老年人来说不是负担； 在参加锻炼计划的同时，与其他学员的关系也很融洽； 老年人可以和其他人一起完成锻炼计划，并从中获得乐趣

（续表）

领域	变量	变量的定义
	运动的频度和强度	一次的运动量并不会对身心造成负累； 参加运动后，疲劳感比以前更大； 一周必须参加的练习次数并不繁重； 不会出现在一周内避免锻炼的情况
因变量	身体健康	食欲、消化、睡眠、疲劳等 日常生活能力，如洗脸、做家务、外出、穿脱衣物、爬楼梯、步行 1 千米
	心理健康	对现在生活的满意，对未来的乐观，对日常生活的信心，以及幸福感、心理稳定性、抑郁程度、实际焦虑和求生意愿的评价等
	社会健康	家庭和睦、与同事和邻里适当交流等； 保持积极的思考、能否与他人协作活动、是否具有处理团队分配的任务的能力、与团体中其他参与者可否展开积极对话等
调节变量	人口统计学变量	性别、受教育程度、年龄等
	经济水平	经济活动状况、收入规模等

此外，本研究认为自变量与因变量之间的关系及影响效果，也会根据人口统计学变量（如性别、年龄、学历等）和经济水平的不同而存在一定的差异。从这一点来看，人口统计学变量可以反映在社区老年人接受针对性运动服务对其健康影响的调查中，可能起到调节作用。即社区老年人因身份、年龄、学历、经济水平等因素，对其接受针对性运动服务具有不同的影响，从而对其健康状况的影响也有差异。

第三节 问卷调查与设计

一、问卷的设计

在研究国内外学术期刊文献的基础上，结合现有关于社区养老公共体育服务的调查，对问卷进行了比较和分析。以吉安市城市社区老年人为调查对象，设计了《社区老年人健康自我诊断评估问卷》和《社区老年人公共体育服务需求调查问卷》。本研究基于吉安市公共体育服务的现状和社区居民对公共体育服务的需求情况，来分析公共体育服务实施的效果。《社区老年人健康自我诊断评估问卷》共包含32个问题，1—6题用于收集受访者的相关信息：①人口因素（包括年龄、性别、教育背景、职业等）；②受访者的经济水平；③具体进行的运动项目。第7题收集受访者接受针对性运动服务的意愿。8—32题采用老年人自我诊断健康评估的方式进行评定，使用Likert 5级量表进行测量。问题的具体构成参见表3-2。

表3-2 《社区老年人自我诊断健康评估调查问卷》构成

变量	变量测量	测量方法	对应的问题标题
身体健康	身体症状与器官功能	1—5分评分	Q8—11
	日常生活功能	1—5分评分	Q12—15
	躯体活动能力	1—5分评分	Q16—17
心理健康	正向情绪	1—5分评分	Q18—20
	心理状态与负向情绪	1—5分评分	Q21—25
社会健康	角色活动与社会适应	1—5分评分	Q26
	社会资源与社会接触	1—5分评分	Q27—29
	社会支持	1—5分评分	Q30—32

《社区老年人公共体育服务需求调查问卷》共包含52个问题，1—6题用于收集受访者的相关信息：①人口因素（包括年龄、性别、教育背景、职业等）；②受访者的经济水平；③具体进行的运动项目。7—27题是与本研究相关的自变量内容，28—52题是与本研究相关的因变量内容，使用Likert 5级量表进行测量。问题的具体构成参见表3-3。

表3-3 《社区老年人公共体育服务需求调查问卷》构成

变量	变量测量	测量方法	对应的问题标题
人力因素	指导者积极提供运动服务	1—5分评分	Q7
	指导者在提供服务时与我进行充分的沟通	1—5分评分	Q8
	我认为指导者是该运动服务的专家	1—5分评分	Q9
	指导者为我提供充足的运动服务	1—5分评分	Q10
	指导者提供有助于我健康的运动服务	1—5分评分	Q11

（续表）

变量	变量测量	测量方法	对应的问题标题
设施因素	运动设施非常现代化	1—5 分评分	Q12
	使用运动设施时，不会因故障等原因造成不便	1—5 分评分	Q13
	运动设施可以根据我的个人喜好调整运动服务强度	1—5 分评分	Q14
	运动设施有各种便利的附属设施	1—5 分评分	Q15
	运动设施离我家很近，前往方便	1—5 分评分	Q16
	为来参加运动，提供相应的交通服务	1—5 分评分	Q17
项目运营	运动项目忠实地反映了我想要的内容	1—5 分评分	Q18
	如果完成运动项目，相信我会变得更健康	1—5 分评分	Q19
	运动项目设计得丰富多彩，不会让人感到无聊	1—5 分评分	Q20
	运动项目对我没有负担	1—5 分评分	Q21
	参加运动项目的过程中，与其他参与者关系融洽	1—5 分评分	Q22
	与别人一起参加运动项目，可以愉快地完成	1—5 分评分	Q23
运动的频度和强度	1 次的运动量对我没有负担	1—5 分评分	Q24
	参加运动后，疲劳感比以前更大了	1—5 分评分	Q25
	1 周要参加的运动次数对我没有负担	1—5 分评分	Q26
	1 周内，我没有不想参加运动的想法	1—5 分评分	Q27
身体健康	身体症状与器官功能	1—5 分评分	Q28—31
	日常生活功能	1—5 分评分	Q32—35
	躯体活动能力	1—5 分评分	Q36—37
心理健康	正向情绪	1—5 分评分	Q38—40
	心理状态与负向情绪	1—5 分评分	Q41—45
社会健康	角色活动与社会适应	1—5 分评分	Q46
	社会资源与社会接触	1—5 分评分	Q47—49
	社会支持	1—5 分评分	Q50—52

二、样本的选择

本研究以吉安市城市社区老年人作为研究对象。

1. 样本的选择

吉安市老年人口总数为 80.09 万人，根据社会学比例分层抽样法[①]，可得出抽样调查的样本量应≥ 385 人，结合本研究的研究内容和目的，采用意愿募集的方式，在吉安市中心城区 7 个街道、52 个社区选取研究对象。

2. 研究对象的纳入与排除标准

纳入标准：①年龄≥ 60 岁；②文化程度在小学及以上，能够进行正常交流；③在社区居住时间≥ 6 个月，半年内没有搬迁和长期外出计划；④自愿参加本研究。

排除标准：①听力和视力严重障碍者，精神障碍者；②有严重的身体疾病，不能配合研究者；③正在参与其他干预项目者。

剔除标准：①干预期间主动要求退出者；②参加团体活动缺席次数超过两次的老年人。

第四节　资料收集与分析方法

一、资料收集

本研究的问卷调查区域选定为江西省吉安市中心城区，分别在 2023 年 3 月和 6 月开展了问卷调查。调查过程中，本研究采用分层抽样的方法，将调查范围设定为 7 个街道，包含 52 个社区。为了保证社区抽样的全面性，在社区分层上，于 2—3 月走访了街道，了解社区的基本情况，采取老—中—新结合的方式来筛选出 16 个调研社区。

本研究协同社区管理者与体育社团负责人，面向调研的 16 个社区以及周边若干个社区的老年大学与健身团队开展调查。通过在线问卷的形式发放了《社区老年人自我诊断健康评估问卷》1200 份，回收问卷 1036 份，问卷回收率达 86.33%。针对第一次问卷调查是否接受针对性运动服务的情况，将不同意接受针对性运动服务的 534 名调查对象确定为比较组，将同意接受针对性运动服务的 502 名调查对象确定为实验组。

---

① 对于有限总体，样本抽样的大小公式：$n \geqslant \dfrac{N}{(\dfrac{\alpha}{k})^2 \dfrac{N-1}{P(1-P)}+1}$。

对接受针对性运动服务的502名调查对象提供3个月的个性化运动服务，其中有5名调查对象因为生病、移居等原因退出调查。在6月针对497名接受了3个月针对性运动服务的老年人开展了“社区老年人公共体育服务需求情况”问卷调查。而不接受针对性运动服务的534名调查对象中，有1名调查对象因离世而终止。在6月针对533名未接受针对性运动服务的老年人开展了“社区老年人自我诊断健康评估”问卷调查。

二、分析方法

本研究以针对性运动服务，即人力因素、设施因素、项目运营及运动的频度和强度作为自变量，以人口学变量和经济水平作为调节变量，以社区老年人健康状况的变化，即身体健康、心理健康和社会健康作为因变量。本研究采用SPSS27.0软件对数据进行分析。根据问卷调查获得的数据，来验证问卷多种构成要素的有效性和信赖度，同时进行因素分析。通过结构方程模型和回归分析，验证研究模型中各变量之间的影响关系。通过stata软件运用双重差分法（DID），对社区老年人在接受针对性运动服务前后的健康状况进行差异性分析，判断在针对性运动服务干预前，实验组和比较组的效应水平是否基本一致，是否没有明显的差异性，而且满足“平行趋势假设”。在针对性运动服务干预后，实验组和比较组的差分效应是否具有显著性？实验组的效应值是否明显高于比较组效应值，以及对社区老年人在接受针对性运动服务后的健康状况进行分析，判断针对性运动服务是否可以有效改善老年人的健康状况，延缓老年人体质衰弱和衰老的发生。运用相关分析对不同运动行为与健康状况之间的关系进行分析。对于连续变量的相关检验使用Pearson检验，不同变量的相关检验使用Spearman检验。使用多元回归分析来预测独立风险因子，若$p < 0.05$，则表示具有统计学意义上的显著性。

第五节 问卷的效度和信度分析

一、《社区老年人自我诊断健康评估调查问卷》调查分析

（一）信度分析

本研究采用克隆巴赫系数（Cronbach's α）检验问卷的信度。对《社区老年人自我诊断健康评估调查问卷》的问题8—32进行分析，结果显示，问卷的Cronbach's α系数为0.835，高于0.8，表明该问卷的信度较高（参见表3-4）。因此表明，该问卷

设计合理，问卷数据可靠。另外，判断信度较高，无须删除项目，适合后续数据研究，量表内部一致性较高。

表 3-4 《社区老年人自我诊断健康评估调查问卷》信度分析表

题项	修正后的项与总计相关性	删除项目后的 α 系数	Cronbach's α 系数
8	0.361	0.830	0.835 基于标准化的 Cronbach's α 系数 0.835
9	0.340	0.831	
10	0.428	0.827	
11	0.395	0.829	
12	0.394	0.829	
13	0.429	0.827	
14	0.446	0.827	
15	0.395	0.829	
16	0.396	0.829	
17	0.427	0.828	
18	0.436	0.827	
19	0.413	0.828	
20	0.362	0.830	
21	0.355	0.830	
22	0.365	0.830	
23	0.372	0.830	
24	0.415	0.828	
25	0.385	0.829	
26	0.307	0.832	
27	0.318	0.832	
28	0.298	0.832	
29	0.318	0.832	
30	0.304	0.832	
31	0.356	0.830	
32	0.330	0.831	

（二）效度分析

效度（validity）通常是指问卷的有效性和正确性，即问卷能够测量其所欲测量特性的程度。本研究采用KMO值和Bartlett球形度检验来检验问卷的结构效度。[①]由于KMO值为0.909，大于0.7，而且Bartlett球形度检验的显著性水平为0.000，因此该问卷具备了因子分析的判断条件（如表3-5所示）。

表3-5 《社区老年人自我诊断健康评估调查问卷》效度分析表

KMO值		0.909
Bartlett球形度检验	近似卡方值	3514.339
	df	300
	*p*值	0.000

二、《社区老年人公共体育服务需求调查问卷》调查分析

（一）信度分析

根据本研究《社区老年人公共体育服务需求调查问卷》中问题7—52的分析结果，该问卷的Cronbach's α值为0.879，大于0.8，说明该问卷的信度较高。因此，我们判断该项目无须删除，适合今后的数据研究，量表内部一致性良好。该问卷信息分析如表3-6所示。

表3-6 《社区老年人公共体育服务需求调查问卷》信度分析表

题项	修正后的项与总计相关性	删除项目后的α系数	Cronbach's α系数
7	0.402	0.875	0.879 基于标准化的 Cronbach's α系数 0.878
8	0.380	0.876	
9	0.393	0.876	
10	0.338	0.877	
11	0.377	0.876	
12	0.391	0.876	
13	0.388	0.876	

① Kaiser认为，KMO值越接近于1，意味着变量间的相关性越强，原有变量越适合作因子分析，他提出常用的KMO度量标准：0.9以上表示非常适合；0.8表示适合；0.7表示一般；0.6表示不太适合；0.5以下表示极不适合。

（续表）

题项	修正后的项与总计相关性	删除项目后的α 系数	**Cronbach's α 系数**
14	0.367	0.876	0.879 基于标准化的 Cronbach's α 系数 0.878
15	0.408	0.875	
16	0.309	0.877	
17	0.342	0.876	
18	0.330	0.877	
19	0.365	0.876	
20	0.371	0.876	
21	0.453	0.875	
22	0.325	0.877	
23	0.365	0.876	
24	0.358	0.876	
25	0.428	0.875	
26	0.356	0.876	
27	0.374	0.876	
28	0.356	0.876	
29	0.313	0.877	
30	0.375	0.876	
31	0.319	0.877	
32	0.360	0.876	
33	0.412	0.875	
34	0.353	0.876	
35	0.332	0.877	
36	0.311	0.877	
37	0.362	0.876	
38	0.323	0.877	
39	0.356	0.876	

（续表）

题项	修正后的项与总计相关性	删除项目后的α系数	Cronbach's α 系数
40	0.301	0.877	0.879 基于标准化的 Cronbach's α 系数 0.878
41	0.247	0.878	
42	0.336	0.877	
43	0.287	0.877	
44	0.399	0.876	
45	0.327	0.877	
46	0.265	0.878	
47	0.299	0.877	
48	0.229	0.878	
49	0.245	0.878	
50	0.268	0.878	
51	0.355	0.876	
52	0.299	0.877	

（二）效度分析

本研究采用 KMO 值和 Bartlett 球形度检验来检验问卷的结构效度。表 3-7 是对实验组《社区老年人公共体育服务需求调查问卷》的效度分析，结果显示 KMO 值为 0.875，大于 0.7，而且 Bartlett 球形度检验的显著性水平小于 0.001，因此该问卷具备了因子分析的判断条件，说明本问卷的效度很好。

表 3-7　实验组《社区老年人公共体育服务需求调查问卷》效度分析表

KMO 值		0.875
Bartlett 球形度检验	近似卡方值	1231.366
	df	210
	p 值	＜ 0.001

表 3-8 是对实验组实验后《社区老年人自我诊断健康评估调查问卷》的效度分析，由于 KMO 值为 0.830，大于 0.7，而且 Bartlett 球形度检验的显著性水平小于 0.001，因此该问卷具备了因子分析的判断条件，说明本问卷的效度很好。

表 3-8 实验组实验后《社区老年人自我诊断健康评估调查问卷》效度分析表

KMO		0.830
Bartlett 球形度检验	近似卡方值	1188.942
	df	300
	p 值	＜ 0.001

第六节 实验设计

近年来，随着我国人口老龄化问题的加剧，养老院老年人的心理状态和生活质量备受社会各界的关注和重视。[①②] 老年人健康问题是我国老龄化人口问题的关键。[③④] 中国学者高淑青（2016）、张健（2016）与张立敏（2017）的研究也证实了中国人口老龄化严峻形势及带来的影响。我国学者研曲天敏等人（2017）的研究发现，老年人长期运动是有效调节心理状态和提高生活质量的重要途径，长期运动应在老年群体中广泛开展。[⑤⑥] 本研究在对社区走访并说明研究目的后，对社区老年人开展了先行调查，根据老年人是否愿意接受针对性运动服务来划分实验组和比较组。调查中共有 497 名

① 高淑青，张连成，王钰 . 身体锻炼对中老年人空间定向能力的影响：来自 P300 的证据 [J]. 中国体育科技，2016，52（4）：59-62.

② 高淑青，毛志雄 . 身体锻炼与基本心理能力老化的因果探讨 [J]. 中国运动医学杂志，2016，35（12）：1140-1147.

③ 张立敏，查圣祥 . 体育锻炼对老年人执行功能的影响：多重中介模型的检验 [J]. 体育与科学，2017（4）：94-102.

④ 张健，张建华，田汜明 . 中老年人运动流畅心理状态 [J]. 中国老年学杂志，2016，36（2）：432-434.

⑤ 曲天敏，苏浩 . 体育锻炼对老年人心理健康的影响 [J]. 中国老年学杂志，2017，37（16）：4164-4165.

⑥ 高亮，王家宏 . 健身气功锻炼对不同健康程度老年人身体自尊改善效果的研究 [J]. 山东体育学院学报，2016，32（3）：63-67.

老年人愿意接受针对性运动服务，再根据老年人经常参与的运动项目为老年人定制个性化运动服务。表 3-9 对老年人经常参加的运动项目进行了说明。

表 3-9 社区老年人经常参加的运动项目情况

运动项目	比较组			实验组		
	N	百分比	个案百分比	N	百分比	个案百分比
快走	35	4.1%	6.6%	105	12.8%	21.1%
乒乓球	55	6.4%	10.3%	23	2.8%	4.6%
羽毛球	31	3.6%	5.8%	20	2.4%	4%
篮球	37	4.3%	6.9%	29	3.5%	5.8%
健身气功	40	4.7%	7.5%	36	4.4%	7.2%
门球	34	4%	6.4%	29	3.5%	5.8%
游泳	25	2.9%	4.7%	44	5.4%	8.9%
登山	49	5.7%	9.2%	25	3%	5%
慢跑	28	3.3%	5.3%	79	9.6%	15.9%
柔力球	28	3.3%	5.3%	33	4%	6.6%
舞蹈类	299	35.1%	56.1%	62	7.6%	12.5%
太极	53	6.2%	9.9%	12	1.5%	2.4%
气排球	25	2.9%	4.7%	35	4.3%	7%
毽球	25	2.9%	4.7%	34	4.1%	6.8%
棋牌	36	4.2%	6.8%	198	24.1%	39.8%
其他	53	6.2%	9.9%	57	6.9%	11.5%

从表 3-9 中可知社区老年人经常参加的运动项目情况。比较组选择度最高的前 3 类运动项目依次为舞蹈类运动、乒乓球和太极，选择频率占比分别为 35.1%、6.4% 和 6.2%，本组分别有 56.1% 老年人参加过舞蹈类运动、10.3% 的老年人参加乒乓球、9.9% 的老年人参加过太极。

实验组选择度最高的前 3 类运动项目依次为棋牌、快走和慢跑，选择频率占比分别为 24.1%、12.8% 和 9.6%，实验组分别有 39.8% 老年人选择过棋牌、21.1% 的老年人参加过快走、15.9% 的老年人参加过慢跑。

本研究在实验中不对比较组提供任何实验项目类的公共体育服务，包括运动项目的组织和指导、健康知识讲座、心理健康辅导及健康养身知识推送等，待 3 个月后再次对比较组老年人的健康状况进行问卷调查。

对于实验组，综合社区老年人的运动喜好及运动场地的接近性，设置了 23 个针对性运动服务小组，并委派 23 名中级以上社会体育指导师、5 名心理咨询师和 2 名营养师为社区老年人提供针对性运动服务。23 个小组的运动项目涵盖了太极拳、广场舞、跑步、快走、健身操等。根据“经常参加运动”的定义[①]，结合老年人体质健康状况和青睐的运动项目，为实验组老年人设定了每周运动 3 次，每次运动 1 小时的集中运动。并且在进行针对性运动服务的过程中，在社区工作人员的协助下，对实验组老年人进行运动监督和指导。同时，5 名心理咨询师每两周为老年人做一次心理健康知识讲座，每天以线上或线下的形式提供免费心理咨询服务。营养师则提供适合老年人的菜谱，供实验组对象自主选择。社会体育指导员还会向老年人讲解长期适度运动的重要性，进而提高老年人对长期适量运动的重视，从而促使老年人自觉运动，待 3 个月后再次对实验组老年人的健康状况及公共体育服务需求开展问卷调查。

① 将每周参加运动频度达 3 次及以上，每次运动持续时间达 30 分钟及以上，每次运动的强度达到中等及以上的人，称为“经常参加运动”（简称“经常运动”）的人。

◆第四章　结果分析

根据研究设计，本研究设计了两份问卷，一份用于比较组，也就是不接受公共运动服务的老年人；另一份用于实验组，也就是接受公共运动服务的老年人。本研究中人力因素、设施因素、项目运营和项目的频度和强度被设置为四个自变量，人口学变量和经济水平被用作调节变量。

根据研究设计，认为人力因素、设施因素、项目运营和项目的频度和强度四个自变量与老年人身体健康、心理健康、社会健康三个因变量间呈显著正相关关系，并且人口学变量和经济水平在这个过程中起到了调节作用，对调查对象的健康意识也具有调节效果。研究还认为，不同类型的受访者对健康的看法有差异，接受公共运动服务的受访者健康意识更强，通过 3 个月的公共运动服务后健康水平的提升比不接受公共运动服务的受访者更显著。

因此，本研究通过问卷调查分析，并验证了本文的研究设计。本研究通过对调查对象的标本特征，分析了社区老年人受访特征信息以及实验组和比较组老年人的特征分布情况。通过描述性统计分析受访老年人的健康状况及接受公共运动服务的基本情况。通过差异分析实验前后不同人口学特征、经济水平，以及比较组和实验组老年人的健康差异情况，并采用相依样本 t 检验的方法对比较组和实验组老年人在实验前后健康因变量的变化情况进行差异分析，以验证公共运动服务实施的有效性。通过相关分析验证公共运动服务与老年人健康之间的关系。此外，还通过回归分析和结构方程模型，分析公共运动服务四个自变量对老年人健康三个因变量的具体影响效应。

第一节 描述性统计

一、标本特征

（一）社区老年人受访特征信息

本次调查共有 1030 名受访者，其中女性的比例为 51.9%，比男性多 3.8%。因需要选取男性和女性大体相当的比例参与调查，所以稍微控制了男女参与调查的比例。此外，本次调查是以分层抽样后募集调查对象的方式开展，所以男女比例没有严格控制为 1 ： 1。从年龄分布来看，本次调查有 37.7% 的受访者年龄在 60—64 岁，有 33.4% 的受访者年龄在 65—69 岁。从受教育程度来看，初中及以下受访者为 32.7%，高中或中专受访者为 29%，从受访者的受教育程度可以看出，受访者受教育程度偏低，这与中国 20 世纪 50—70 年代的高等教育体制有关。在 1966—1972 年，中国高等教育停止招生，直至 1978 年改革开放才迎来高等教育的春天。不难看出，受访者学历层次与中国高等教育的历史是吻合的。这也与中国学者郑登云（1994）对中国高等教育历史的研究结果一致。[①] 从职业分布来看，样本中“其他职业”居多，占比 35.2%。其次是“工人”职业类型，占比 20.3%，不难看出这与中国 20 世纪 60—70 年代的国有经济体制有关系。曲玉新（2023）的研究也表明了这一观点。[②] 从受访者的收入水平来看，4.9% 的受访者收入水平在 1000 元以下，这部分群体低于吉安市最低工资水平 1730 元 / 月[③]。9% 的受访者收入水平在 1001—2000 元，28.9% 的受访者收入水平在 2001—3000 元，有 33.2% 的受访者收入水平在 3001—4000 元，有 24% 的受访者收入水平在 4000 元以上，从整体来看，受访者的平均收入水平高于吉安市最低工资水平。本次调查有 48.3% 的受访者表示愿意接受针对性运动服务，51.7% 的受访者表示不愿意接受针对性运动服务。表 4-1 总结了不同类型调查对象的情况。

---

① 郑登云 . 中国高等教育史 [M]. 上海：华东师范大学出版社，1994.

② 曲玉新 . 我国国有企业改革历程及其经验启示 [J]. 社会科学前沿，2023，12：883.

③ 江西省人民政府办公厅关于调整最低工资标准的通知 .http://jiujiang gov.cn/xxgk/2dlyxxgk/shgysy/cjjy/srtp/201711/t20171129_1835181.html.2022.

表 4-1 《社区老年人自我诊断健康评估调查问卷》的调查对象的情况

名称	类型	频率	百分百	累积百分比
性别	男	495	48.1%	48.1%
	女	535	51.9%	100%
年龄	60—64 岁	388	37.7%	37.7%
	65—69 岁	344	33.4%	71.1%
	70—74 岁	185	18%	89%
	75—79 岁	77	7.5%	96.5%
	80 岁以上	36	3.5%	100%
受教育程度	初中及以下	337	32.7%	32.7%
	高中或中专	299	29%	61.7%
	大学专科	226	21.9%	83.7%
	大学本科	152	14.8%	98.4%
	研究生及以上	16	1.6%	100%
职业	工人	209	20.3%	20.3%
	农民	98	9.5%	29.8%
	教师	105	10.2%	40%
	公务员	95	9.2%	49.2%
	军人	48	4.7%	53.9%
	医务人员	58	5.6%	59.5%
	商人	54	5.2%	64.8%
	其他	363	35.2%	100%
经济水平	1000 元及以下	50	4.9%	4.9%
	1001—2000 元	93	9%	13.9%
	2001—3000 元	298	28.9%	42.8%
	3001—4000 元	342	33.2%	76%
	4000 元以上	247	24%	100%
是否接受针对性运动服务	是	497	48.3%	48.3%
	否	533	51.7%	100%
合计		1030	100%	100%

（二）实验组和比较组老年人基本特征分布

根据研究假设，本研究设置了接受针对性运动服务的实验组和不接受针对性运动服务的比较组。根据研究对象是否愿意接受针对性运动服务，划分了实验组和比较组。

第一，从性别方面来看，实验组 497 人，男性 248 人占 49.9%，女性 249 人占 50.1%；比较组 533 人，男性 247 人占 46.3%，女性 286 人占 53.7%。

第二，从年龄角度分析，实验组中 60—69 岁受访者占比 69.6%，80 岁以上受访者占比 3.8%；比较组中 60—69 岁受访者占比 72.4%，80 岁以上受访者占比 3.2%。

第三，实验组的调查对象中，学历是初中及以下的占比 33.4%，高中或中专学历的占比 31%，受过高等教育的占比 35.5%；比较组中未接受过高等教育的受访者占比 59.3%，接受过高等教育的占比 40.7%。

第四，从职业分布来看，实验组中“其他”类型职业占比最高，达 34.2%，其次是工人占比 19.3%；比较组中“其他”类型职业占比最高，达 36.2%，其次是工人占比 21.2%。实验组和比较组的职业类型占比基本吻合，通过对受访者的访谈，实验组和比较组的其他职业类型中排前三的是服务人员、财务人员和销售人员。

第五，从受访者的收入水平来看，实验组中月收入在 2000 元及以下的受访者占比 15.3%，月收入在 2000 元以上的受访者占比 84.7%；比较组中月收入在 2000 元及以下的受访者占比 12.6%，月收入在 2000 元以上的受访者占比 87.4%。通过对受访者的访谈可知，月收入在 1000 元以下的居民，主要靠子女赡养，并享受最低生活保障政策。月收入为 1001—2000 元的居民，除子女赡养外，会通过一些零散活计来赚取额外收入。

第六，从受访者人口学特征、学历、职业特征及经济状况来看，实验组和比较组的基本特征统计分析结果不存在显著差异（$p > 0.05$），表 4-2 总结了实验组和比较组老年人基本特征分布情况。这一分析结果也说明，本研究在采样过程中按照年龄和健康水平大体相当的情况进行募集的。

表 4-2 实验组和比较组老年人基本特征分布情况（*n*=1030）

指标	分类	实验组（*n*=497）	比较组（*n*=533）	c^2	*p*
性别	男性	248（49.9%）	247（46.3%）	0.253	0.262
	女性	249（50.1%）	286（53.7%）		

（续表）

指标	分类	实验组（*n*=497）	比较组（*n*=533）	c^2	*p*
年龄（岁）	60—64	185（37.2%）	203（38.1%）	3.584	0.465
	65—69	161（32.4%）	183（34.3%）		
	70—74	99（19.9%）	86（16.1%）		
	75—79	33（6.6%）	44（8.3%）		
	≥ 80	19（3.8%）	17（3.2%）		
学历	初中及以下	166（33.4%）	171（32.1%）	5.457	0.244
	高中或中专	154（31.0%）	145（27.2%）		
	大学专科	108（21.7%）	118（22.1%）		
	大学本科	61（12.3%）	91（17.1%）		
	研究生	8（1.6%）	8（1.5%）		
职业	工人	96（19.3%）	113（21.2%）	6.954	0.434
	农民	51（10.3%）	47（8.8%）		
	教师	58（11.7%）	47（8.8%）		
	公务员	48（9.7%）	47（8.8%）		
	军人	21（4.2%）	27（5.1%）		
	医务人员	32（6.4%）	26（4.9%）		
	商人	21（4.2%）	33（6.2%）		
	其他	170（34.2%）	193（36.2%）		
月收入水平（元）	≤ 1000	26（5.2%）	24（4.5%）	3.284	0.512
	1001—2000	50（10.1%）	43（8.1%）		
	2001—3000	134（27.0%）	164（30.8%）		
	3001—4000	171（34.4%）	171（32.1%）		
	＞ 4000	116（23.3%）	131（24.6%）		

二、实验组描述性统计分析

本次调查采用了 Likert 5 级量表进行测量，按照 Likert 量表 1—5 分（1= 完全不同意，5= 完全同意）进行计量，其中 11—17 题，22—24 题为反向计分（1= 完全同意，5= 完全不同意）。

（一）实验前实验组描述性统计分析

本研究将接受针对性运动服务的老年人群体设定为实验组，表 4-3 是实验组健康状况的频率均值分析。从表 4-3 可知，实验组身体健康测量的最大值为 49，最小值为 15，平均值为 33.266，标准差为 5.581。实验组心理健康测量的最大值为 40，最小值为 15，平均值为 26.998，标准差为 4.358。实验组社会健康测量的最大值为 33，最小值为 13，平均值为 23.569，标准差为 3.597。从测量结果均值可以看出，实验组老年人整体的身体健康、心理健康和社会健康各维度均属于中等水平。

从身体健康维度来看，均值最大的是第 15 题："您最近穿衣、脱衣时，有没有不便之处？"均值为 3.38；均值最小的是第 13 题："您最近做家务时，有没有因腰、膝酸软等问题出现不便之处？"均值为 3.26。标准差最大的是第 8 题："您觉得最近食欲增加了吗？"标准差为 1.092，说明该问题的争议较其他题项更大；标准差最小的是第 15 题，标准差为 0.962，说明实验组老年人在日常生活功能中穿脱衣的方便程度方面争议更小。

从心理健康维度来看，均值最大的是对现在的日常生活满意情况的选项，均值为 3.46；均值最小的是对生活幸福感和心理忧郁负面情绪的选项，均值为 3.34。标准差最大的是第 24 题，标准差为 1.034；标准差最小的是第 18 题，标准差为 0.939。说明，实验组老年人在个人心理的负面情绪方面相较其他问题的争议更大，对日常生活满意情况的争议最小。

从社会健康维度来看，均值最大的是第 31 题："您能处理好交给自己的工作（任务）吗？"均值为 3.45；均值最小的是第 30 题："您在任何事情上都会和别人合作吗？"均值为 3.29 分。标准差最大的是第 29 题，标准差为 0.995；标准差最小的是第 32 题，标准差为 0.919。说明实验组老年人在经常参加社交聚会方面的争议最大，在积极地和朋友对话方面的争议最小。

从身体健康、心理健康、社会健康的标准差可以看出，实验组身体健康的标准差最大，社会健康的标准差最小，说明实验组老年人在身体健康维度的争议最大，在社会健康维度的争议最小。

表 4-3　实验前实验组自我诊断健康调查频率平均值分析表

变量	个案数	最小值	最大值	M	SD
Q8	497	1	5	3.32	1.092
Q9	497	1	5	3.29	0.991
Q10	497	1	5	3.29	0.978
Q11	497	1	5	3.33	1.010
Q12	497	1	5	3.37	0.989
Q13	497	1	5	3.26	1.032
Q14	497	1	5	3.35	1.005
Q15	497	1	5	3.38	0.962
Q16	497	1	5	3.31	1.000
Q17	497	1	5	3.37	1.044
Q18	497	1	5	3.46	0.939
Q19	497	1	5	3.40	1.005
Q20	497	1	5	3.39	0.969
Q21	497	1	5	3.34	0.970
Q22	497	1	5	3.36	1.006
Q23	497	1	5	3.34	0.995
Q24	497	1	5	3.35	1.034
Q25	497	1	5	3.37	0.952
Q26	497	1	5	3.37	0.973
Q27	497	1	5	3.33	0.965
Q28	497	1	5	3.44	0.961
Q29	497	1	5	3.30	0.995
Q30	497	1	5	3.29	0.982
Q31	497	1	5	3.45	0.921
Q32	497	1	5	3.40	0.919
身体健康	497	15	49	33.266	5.581
心理健康	497	15	40	26.998	4.358
社会健康	497	13	33	23.569	3.597

（二）实验后实验组描述性统计分析

1. 实验后实验组公共体育服务描述性统计分析

为达成本研究目的，实验组经过事前调查，还需综合实验组群体的体质状况和所青睐的运动项目以及针对性运动服务供给等因素，为实验组提供为期 3 个月的针对性运动服务，并在 3 个月后对公共体育服务和自我诊断健康进行测量。根据 Likert 量表的频率均值分析，从表 4-4 可知实验组老年人对公共体育服务方面的评价均值及老年人自我诊断健康状况均值。

表 4-4　实验后实验组公共体育服务调查频率平均值分析表

变量	个案数	最小值	最大值	M	SD
人力因素	497	10	25	18.88	2.98
设施因素	497	13	30	22.76	3.42
项目运营	497	10	30	22.63	3.28
运动的频度和强度	497	7	20	15.14	2.50
Q7	497	1	5	3.78	0.99
Q8	497	1	5	3.77	1.047
Q9	497	1	5	3.78	1.097
Q10	497	1	5	3.70	1.074
Q11	497	1	5	3.85	0.983
Q12	497	1	5	3.78	1.077
Q13	497	1	5	3.84	1.060
Q14	497	1	5	3.76	1.062
Q15	497	1	5	3.76	1.035
Q16	497	1	5	3.86	1.006
Q17	497	1	5	3.76	1.037
Q18	497	1	5	3.81	1.037
Q19	497	1	5	3.74	0.999
Q20	497	1	5	3.74	1.050
Q21	497	1	5	3.77	1.037

（续表）

变量	个案数	最小值	最大值	M	SD
Q22	497	1	5	3.75	1.038
Q23	497	1	5	3.80	1.034
Q24	497	1	5	3.80	1.024
Q25	497	1	5	3.74	1.047
Q26	497	1	5	3.80	0.976
Q27	497	1	5	3.79	1.020

根据对实验组老年人公共体育服务的调查来看，“人力因素”最大值为 25，最小值为 10，均值为 18.88。“设施因素”最大值为 30，最小值为 13，均值为 22.76。“项目运营”最大值为 30，最小值为 10，均值为 22.63。“运动的频度和强度”的最大值为 20，最小值为 7，均值为 15.14。从测量结果可以看出，公共体育服务各维度均处于中等水平。

从分析结果不难看出，公共体育服务中“设施因素”均值最高，但标准差最大（SD=3.42），说明实验组群体对设施因素的争议最大。《江西省人民政府办公厅关于加强全民健身场地设施建设发展群众体育的实施意见》（2021）（以下简称“《实施意见》”）中指出，要聚焦全民健身重点领域和关键环节，完善健身设施建设工作机制，增加群众身边健身设施有效供给，补齐健身设施短板，满足群众多层次多样化的健身需要。《实施意见》还要求新建居住社区要严格按室内人均建筑面积不低于 0.1 平方米或室外人均用地不低于 0.3 平方米标准配套健身设施。社区健身设施未达到规划要求的，要与城镇老旧小区改造规划和计划有效对接，同步推进健身设施建设。① 不难看出，社区健身设施的建设还处于新旧配套不均衡的状态，这也是造成设施接近性与便利性争议大的原因之一。

公共体育服务中“运动的频度和强度”的均值最低，同时标准差也最小（SD=2.50），说明在运动的频度和强度方面实验组老年人的争议最小。通过对实验组老年人的访谈中得知，运动项目均是根据自身意愿和能力个性化定制的，指导员在做针对性指导时，也会考虑到老年人自身的运动负荷，老年人在参与运动时也会根据运动处方尽量达到

① 江西省人民政府办公厅关于加强全民健身场地设施建设发展群众体育的实施意见 http：//www.jiangxi.gov.cn/art/2020/10/10/art_15624_2858694.html，2021.

运动要求。

通过对公共体育服务“人力因素”维度中各项问题的频度均值分析可知，第 11 题“指导者提供有助于我健康的运动服务”的均值最大（M=3.85），第 10 题“指导者为我提供充足的运动服务”的均值最小（M=3.7）。这一数据说明，实验组老年人认为指导者提供的针对性运动有益于自身健康，但是平时的针对性运动服务指导为团体指导，与一对一指导提供的针对性运动服务相比，获取的指导服务更少，这也是第 10 题均值最小的原因之一。[①] 在“人力因素”维度标准差最大的是第 9 题“我认为指导者是该运动服务的专家”（SD=1.097），说明在指导者对运动服务指导的专业性方面，老年人的争议最大。第 11 题“指导者提供有助于我健康的运动服务”的标准差最小（SD=0.983），说明老年人对指导者提供的针对性运动服务有益于自身健康持认可态度。

通过对公共体育服务“设施因素”维度中各问题的频度均值分析可知，第 16 题“运动设施离我家很近，前往方便”的均值最大（M=3.86），第 14 题“运动设施可以根据我的个人喜好调整运动服务强度”，第 15 题“运动设施有各种便利的附属设施”，第 17 题关于“为来参加运动，提供相应的交通服务”三个问题的均值最低（M=3.76）。此外，标准差最大的是第 12 题“运动设施非常现代化”（SD=1.077），说明该问题的争议最大。标准差最小的是第 16 题“运动设施离我家很近，前往方便”（SD=1.006），说明实验组老年人对该问题的争议最小。这与实验中考虑到针对性运动服务的便利性，为老年人选取相近团体参与运动的设计基本吻合。

通过对公共体育服务“项目运营”维度中各问题的频度均值分析可知，“运动项目忠实地反映了我想要的内容”的均值最大（M=3.81），而“如果完成运动项目，相信我会变得更健康”和“运动项目设计得丰富多彩，不会让人感到无聊”的均值最小（M=3.74）。此外，标准差最大的是第 20 题关于运动项目的丰富性（SD=1.05），说明实验组老年人对该问题的争议最大。本研究在实验中提供的针对性运动服务主要是以提升老年人体质健康和人际交流为目的，而对于运动项目的娱乐性内容介入较少。标准差最小的是第 19 题运动项目完成后可提升健康水平（SD=0.999），说明老年人关于运动可提升体质健康的意识较强。

通过对公共体育服务“运动的频度和强度”维度中各问题的频度均值分析可知，“1 次的运动量对我没有负担”和“1 周要参加的运动次数对我没有负担”的均值最大（M=3.8），而“参加运动后，疲劳感比以前更大了”的均值最小（M=3.74）。此外，

① 根据实验组老年人的访谈记录整理。

标准差最大的是第25题运动后的疲劳程度（SD=1.047），说明实验组老年人对该问项的争议最大。标准差最小的是第26题一周的运动频度和强度（SD=0.976），这一数据表明实验组老年人对该问题的争议最小。

2. 实验后实验组自我诊断健康描述性统计分析

从表4-5实验后实验组老年人自我诊断健康调查频率平均值分析表可知，实验后实验组老年人身体健康测量最大值为50，最小值为22，平均值为37.61。实验组老年人心理健康测量的最大值为39，最小值为19，平均值为30.54。实验组老年人社会健康测量的最大值为34，最小值为17，平均值为26.66。测量结果表明，实验后实验组老年人整体的身体健康、心理健康和社会健康各维度均属于中等偏上水平。从分析结果不难看出，老年人自诊健康中身体健康均值最高，但标准差最大（SD=4.70），说明实验组群体在身体健康方面的争议最大；社会健康均值最低，而且标准差也最小（SD=3.14），说明实验组老年人对于社会健康的争议最小。

对老年人自我诊断健康身体健康维度中各问题的频度均值分析可知，“您最近穿衣、脱衣时，有没有不便之处？”和“您最近走一千米，有没有不便之处？”这两题的均值最大（M=3.81）。而第29题“最近消化好吗？”均值最小（M=3.81）。此外，第28题“最近食欲是否增加”的标准差最大（SD=1.065），说明实验组老年人在食欲增加与否方面争议最大。第35题关于日常生活中穿衣、脱衣是否方便的标准差最小（SD=0.904），说明在日常生活中，老年人穿衣和脱衣是否方便的争议最小。

从老年人自我诊断健康心理健康维度中各问题的频度均值分析可知，第38题“您对现在的日常生活满意吗？”的均值最大（M=3.92），这情况与比较组的测量基本一致。第44题“您觉得自己处于心理不安的状态吗？”的均值最小（M=3.75）。此外，第40题的标准差最大（SD=0.973），说明在心理健康维度，老年人在日常生活中的自信程度争议最大。实验组老年人在日常生活满意情况方面的标准差最小（SD=0.872），说明老年人在该方面的争议最小。

通过对老年人自我诊断健康社会健康维度中各问题的频度均值分析可知，“乐意和别人分享悲伤和喜悦与否”与“是否能处理好交给自己工作任务”的均值最大（M=3.87）。“在任何事情上都会和别人合作”的均值最小（M=3.73）。此外，第46题“家庭是否和睦”的标准差最大（SD=0.944），说明老年人对该问题的争议最大。第51题“是否能处理好交给自己的工作（任务）”的标准差最小（SD=0.895），说明老年人对该问题的争议最小。

表 4-5 实验后实验组老年人自我诊断健康调查频率平均值分析表

名称	个案数	最小值	最大值	M	SD
身体健康	497	22	50	37.61	4.70
心理健康	497	19	39	30.54	3.73
社会健康	497	17	34	26.66	3.14
Q28	497	1	5	3.76	1.065
Q29	497	1	5	3.69	0.955
Q30	497	1	5	3.74	0.942
Q31	497	1	5	3.74	0.949
Q32	497	1	5	3.78	0.935
Q33	497	1	5	3.72	0.936
Q34	497	1	5	3.80	0.929
Q35	497	1	5	3.81	0.904
Q36	497	1	5	3.77	0.936
Q37	497	1	5	3.81	1.031
Q38	497	1	5	3.92	0.872
Q39	497	1	5	3.86	0.941
Q40	497	1	5	3.81	0.973
Q41	497	1	5	3.78	0.907
Q42	497	1	5	3.80	0.966
Q43	497	1	5	3.79	0.928
Q44	497	1	5	3.75	0.958
Q45	497	1	5	3.82	0.935
Q46	497	1	5	3.81	0.944
Q47	497	1	5	3.79	0.919
Q48	497	1	5	3.87	0.937
Q49	497	1	5	3.77	0.917
Q50	497	1	5	3.73	0.917
Q51	497	1	5	3.87	0.895
Q52	497	1	5	3.81	0.931

三、比较组描述性统计分析

（一）实验前比较组描述性统计分析

本研究将不接受针对性运动服务的老年人群体设定为比较组，表 4-6 是比较组健康状况的频率均值分析。从表 4-6 可知，比较组身体健康测量的最大值为 49，最小值为 15，平均值为 33.22。比较组心理健康测量的最大值为 40，最小值为 15，平均值为 27.23。比较组社会健康测量的最大值为 33，最小值为 13，平均值为 23.66。测量结果表明，比较组老年人整体的身体健康、心理健康和社会健康各维度均属于中等水平。

从身体健康维度来看，均值最大的是第 14 题："您最近外出时，在行动等方面有没有不便之处？"均值为 3.40 分；均值最小的是第 15 题："您最近穿衣、脱衣时，有没有不便之处？"均值为 3.24 分。标准差最大的是第 8 题："您觉得最近食欲增加了吗？"标准差为 1.015，说明该问题的争议较其他问题更大；标准差最小的是第 9 题，标准差为 0.965，说明比较组老年人在消化能力方面的争议更小。

从心理健康维度来看，均值最大的是对现在的日常生活满意情况的选项，均值为 3.47 分；均值最小的是对生活充满热情的选项，均值为 3.33 分。标准差最大的第 23 题，标准差为 0.974，说明个人心理方面的忧郁情况相较其他问题的争议更大；标准差最小的是第 18 题，关于个人对生命的满意度的选项。

从社会健康维度来看，均值最大的是第 27 题："您经常和同事、邻居交流吗？"均值为 3.46 分；均值最小的是第 30 题："您在任何事情上都会和别人合作吗？"均值为 3.28 分。标准差最大的是第 26 题家庭和睦情况，说明该项的争议最大。纵观中国几千年的历史，无论在哪个时代，家族文化都是整个文化体系中的重要一环。陈煜斓（2020）对传承家族文化的研究也指出，家的概念和定位是非常重要的，家族文化是整个家庭凝聚力的重要因素。①

通过对受访者的访谈，发现老年人具有非常强的家族意识，家庭和睦的概念不仅限于老年人自身居住的小家庭，还包括未能在一起生活的其他子女家庭。有的老年人和女儿女婿一起生活，没有跟儿子儿媳一起生活，但是生活质量和家庭氛围也很好。（中国老年人普遍喜欢和儿子儿媳一起生活，但"婆媳矛盾"通常被认为是家庭不和睦的常见原因之一）。标准差最小的是第 32 题，说明老年人在积极地和朋友对话方面的争议最小。

---

① 陈煜斓 . 传承家族文化与践行社会主义核心价值观 [J]. 湖北工程学院学报，2020，40（2）：23-30.

从不接受针对性运动服务的老年人的身体健康、心理健康和社会健康三个维度来看，标准差最大的是身体健康，标准差最小的是社会健康。说明在不接受针对性运动服务的老年人在身体症状和日常生活功能方面的差别更大；在社会接触和角色活动方面老年人的差别更小。

表 4-6 比较组自我诊断健康调查频率平均值分析表

变量	个案数	最小值	最大值	平均值	标准差
Q8	533	1	5	3.32	1.015
Q9	533	1	5	3.32	0.965
Q10	533	1	5	3.25	1.023
Q11	533	1	5	3.29	1.015
Q12	533	1	5	3.37	0.972
Q13	533	1	5	3.30	1.030
Q14	533	1	5	3.40	1.005
Q15	533	1	5	3.24	0.993
Q16	533	1	5	3.37	1.011
Q17	533	1	5	3.37	0.998
Q18	533	1	5	3.47	0.900
Q19	533	1	5	3.40	0.925
Q20	533	1	5	3.41	0.949
Q21	533	1	5	3.45	0.934
Q22	533	1	5	3.40	0.934
Q23	533	1	5	3.41	0.974
Q24	533	1	5	3.36	0.932
Q25	533	1	5	3.33	0.932
Q26	533	1	5	3.43	0.984
Q27	533	1	5	3.46	0.920
Q28	533	1	5	3.41	0.908
Q29	533	1	5	3.34	0.939
Q30	533	1	5	3.28	0.933

（续表）

变量	个案数	最小值	最大值	平均值	标准差
Q31	533	1	5	3.37	0.932
Q32	533	1	5	3.38	0.896
身体健康	533	15	49	33.22	5.377
心理健康	533	15	40	27.23	4.143
社会健康	533	13	33	23.66	3.365

（二）实验后比较组描述性统计分析

根据 Likert 量表的频率均值分析，从表 4-7 可知，实验后比较组老年人身体健康测量的最大值为 49，最小值为 15，平均值为 35.37。实验后比较组老年人心理健康测量的最大值为 40，最小值为 14，平均值为 28.86。比较组老年人社会健康测量的最大值为 34，最小值为 13，平均值为 25.13。测量结果表明，实验后比较组老年人整体的身体健康、心理健康和社会健康各维度均属于中等水平。

从身体健康维度的各题项来看，均值最大的是第 12 题："您最近洗漱时，有没有不便之处？"均值为 3.62；均值最小的是第 15 题："您最近穿衣、脱衣时，有没有不便之处？"均值为 3.47。标准差最大的是第 10 题："您最近觉得睡眠质量好吗？"标准差为 1.172，说明该问题的争议较其他问题更大；标准差最小的是第 9 题，标准差为 1.069，说明实验后比较组在消化能力方面的争议更小。

从心理健康维度来看，均值最大的是对现在的日常生活满意情况的选项（M=3.66）；均值最小的是日常生活中是否自信的情况（M=3.58）。标准差最大的是第 23 题，标准差为 1.134，说明个人心理方面的忧郁情况相较其他问题的争议更大；标准差最小的是第 18 题，标准差为 1.072，说明比较组老年人对生活的满意度的争议最小。

从社会健康维度来看，均值最大的是第 18 题："家庭和睦情况"（M=3.65）；均值最小的是第 30 题："您在任何事情上都会和别人合作吗？"（M=3.5）。标准差最大的是第 26 题："家庭和睦情况"（SD=1.126），说明比较组老年人在家庭和睦方面的争议最大。标准差最小的是第 32 题："您会和朋友积极的对话吗？"（SD=1.031），说明老年人在积极地和朋友对话方面的争议最小。

从比较组老年人的身体健康、心理健康和社会健康三个维度来看，标准差最大的是身体健康，标准差最小的是社会健康。说明在比较组老年人的身体健康方面的差别最大；在社会健康方面老年人的差别最小。

表 4-7 实验后比较组自我诊断健康调查频率平均值分析表

变量	个案数	最小值	最大值	平均值	标准差
Q8	533	1	5	3.49	1.156
Q9	533	1	5	3.55	1.069
Q10	533	1	5	3.48	1.172
Q11	533	1	5	3.55	1.097
Q12	533	1	5	3.62	1.074
Q13	533	1	5	3.54	1.102
Q14	533	1	5	3.53	1.140
Q15	533	1	5	3.47	1.123
Q16	533	1	5	3.57	1.085
Q17	533	1	5	3.57	1.131
Q18	533	1	5	3.66	1.072
Q19	533	1	5	3.61	1.109
Q20	533	1	5	3.58	1.095
Q21	533	1	5	3.62	1.090
Q22	533	1	5	3.59	1.108
Q23	533	1	5	3.60	1.134
Q24	533	1	5	3.61	1.101
Q25	533	1	5	3.59	1.109
Q26	533	1	5	3.65	1.126
Q27	533	1	5	3.64	1.082
Q28	533	1	5	3.59	1.055
Q29	533	1	5	3.55	1.057
Q30	533	1	5	3.50	1.117
Q31	533	1	5	3.59	1.084

（续表）

变量	个案数	最小值	最大值	平均值	标准差
Q32	533	1	5	3.60	1.031
身体健康	533	15	49	35.37	5.04
心理健康	533	14	40	28.86	4.25
社会健康	533	13	34	25.13	3.53

第二节　差异分析

一、实验组老年人健康差异分析

（一）实验前实验组老年人健康差异分析

在对 497 名实验组老年人的健康状况进行分析后，发现不同性别老年人在身体健康、心理健康、社会健康方面均不存在显著性差异（$p > 0.05$）。通过对单个题项的差异分析结果可看出，第 20 题“日常生活中，您自信吗？”（t=2.061，p=0.04）具有显著差异，其他题项无显著差异，如表 4-8 所示。

表 4-8　实验前实验组不同性别的老年人健康差异分析

变量	调节变量	平均值	标准差	t	p
身体健康	男	33.24	5.372	– 0.11	0.912
	女	33.29	5.792		
心理健康	男	27.26	4.293	1.329	0.185
	女	26.74	4.415		
社会健康	男	23.69	3.430	0.768	0.443
	女	23.46	3.758		
Q20	男	3.48	0.939	2.061	0.04*
	女	3.30	0.992		

注：* 表示平均差异在 0.05 水平是显著的。

如表 4-9 所示，在对不同年龄老年人的健康状况进行差异分析后，发现不同年龄老年人心理健康（f=2.723，p=0.029）具有显著差异，而在身体健康和社会健康方面不存在显著差异。根据对问卷单个问题的差异分析结果可知，第 21 题“您现在觉得很幸福吗？”（f=2.487，p=0.043）和第 22 题“您觉得情绪稳定吗？”（f=3.356，p=0.01）具有显著差异。本次调查中有部分老年人属于“空巢老人”，而老年人因丧偶、独居、离退休、躯体疾病等原因更容易出现孤独、抑郁等心理问题。中国学者吴墨源（2019）等人研究发现，与子女健全、家庭和睦的老年人相比，中国城市空巢老人的心理健康状况更差，低于全国平均水平，农村空巢老人比城市空巢老人的抑郁问题更严重，说明空巢老人的心理健康状况问题应引起重视。①

表 4-9　实验前实验组不同年龄的老年人健康差异分析

变量	指标	平均值	标准差	f	p
身体健康	60—64 岁	32.98	5.746	0.998	0.408
	65—69 岁	33.85	5.142		
	70—74 岁	32.86	5.769		
	75—79 岁	32.61	6.052		
	≥ 80 岁	34.37	5.698		
心理健康	60—64 岁	26.59	4.651	2.723	0.029
	65—69 岁	27.27	3.976		
	70—74 岁	27.23	4.371		
	75—79 岁	25.76	4.381		
	≥ 80 岁	29.32	3.481		
社会健康	60—64 岁	23.34	3.553	0.585	0.673
	65—69 岁	23.63	3.672		
	70—74 岁	23.97	3.680		
	75—79 岁	23.27	3.642		
	≥ 80 岁	23.79	2.917		

① 吴墨源，黄婷红．城市空巢老人心理健康状况元分析 [J]. 中国老年学杂志，2019，39（7）：1755-1757.

（续表）

变量	指标	平均值	标准差	*f*	*p*
Q21	60—64 岁	3.29	0.983	2.487	0.043
	65—69 岁	3.32	0.958		
	70—74 岁	3.36	0.963		
	75—79 岁	3.24	1.032		
	≥ 80 岁	4.00	0.667		
Q22	60—64 岁	3.22	0.998	3.356	0.01
	65—69 岁	3.43	0.980		
	70—74 岁	3.47	1.063		
	75—79 岁	3.12	1.023		
	≥ 80 岁	3.89	0.658		

在对不同学历的老年人的健康状况进行差异分析后，发现不同学历的老年人健康状况不存在显著差异。通过对单个问题的差异分析结果可知，第 13 题“您最近做家务时，有没有因腰、膝酸软等问题出现不便之处？”（f=3.155，p=0.014）和第 29 题“您经常参加社交聚会吗？”（f=4.2，p=0.002）呈显著差异，实验前实验组不同学历的老年人健康差异分析如表 4-10 所示。

表 4-10 实验前实验组不同学历的老年人健康差异分析

变量	指标	平均值	标准差	*f*	*p*
身体健康	初中及以下	32.90	5.422	0.536	0.709
	高中或中专	33.75	5.307		
	大学专科	33.34	6.033		
	大学本科	33.00	5.753		
	研究生及以上	32.50	6.990		
心理健康	初中及以下	26.83	4.434	0.214	0.931
	高中或中专	27.013	4.155		
	大学专科	27.30	4.637		
	大学本科	26.95	4.402		
	研究生及以上	26.50	2.777		

（续表）

变量	指标	平均值	标准差	*f*	*p*
社会健康	初中及以下	23.28	3.534	1.262	0.284
	高中或中专	23.40	3.793		
	大学专科	24.22	3.646		
	大学本科	23.64	2.887		
	研究生及以上	23.625	4.868		
Q13	初中及以下	3.15	1.054	3.155	0.014*
	高中或中专	3.4	1.006		
	大学专科	3.22	0.998		
	大学本科	3.18	0.975		
	研究生及以上	4.25	1.389		
Q29	初中及以下	3.2	1.036	4.200	0.002**
	高中或中专	3.16	1.036		
	大学专科	3.61	0.895		
	大学本科	3.38	0.799		
	研究生及以上	3.00	1.195		

注：* 表示平均差异在 0.05 水平是显著的，** 表示平均差异在 0.01 水平是显著的。

从表 4-11 可知，实验组中不同职业的老年人的健康状况不存在显著差异。通过对单个题项的差异分析发现，第 23 题（f=2.156，p=0.037）说明不同职业的老年人在个人是否忧郁的负面情绪方面存在显著差异，老年人群中出现轻度以上的抑郁情况越发值得关注。中国学者钟晓利（2021）关于对老年人健康状况的研究表明，老年人由于子女不在身边，长期无人陪伴照顾，生活单调寂寞，缺少精神慰藉，更容易产生焦虑、抑郁和悲观等负面情绪。[①]而对于实验前实验组不同收入的老年人健康差异分析发现，不同收入的老年人健康差异性不具有统计学意义，而且从调查中的各问题来看，不同收入的老年人各问题也无显著差异。

---

① 钟晓利，王佰川，张群.空巢老人心理健康状况调查及对策 [J]. 中国老年学杂志，2021，41（12）：5129-5132.

表 4-11 实验前实验组不同职业的老年人健康差异分析

变量	指标	平均值	标准差	*f*	*p*
身体健康	工人	33.89	5.325	0.721	0.654
	农民	32.63	4.303		
	教师	32.45	5.939		
	公务员	33.02	5.803		
	军人	32.38	8.588		
	医务人员	33.94	6.048		
	商人	32.43	4.621		
	其他	33.54	5.462		
心理健康	工人	27.54	4.590	0.876	0.525
	农民	26.59	4.304		
	教师	26.47	4.198		
	公务员	27.65	4.295		
	军人	27.57	5.609		
	医务人员	27.00	3.628		
	商人	25.71	3.002		
	其他	26.90	4.409		
社会健康	工人	23.67	3.361	0.342	0.934
	农民	23.29	2.928		
	教师	23.45	4.168		
	公务员	23.79	3.408		
	军人	22.90	4.460		
	医务人员	24.19	4.276		
	商人	23.81	4.273		
	其他	23.51	3.454		
Q9	工人	3.48	0.940	2.443	0.018*
	农民	3.22	1.083		
	教师	3.07	1.006		

（续表）

变量	指标	平均值	标准差	*f*	*p*
	公务员	2.94	1.040		
	军人	3.14	1.236		
	医务人员	3.41	0.979		
	商人	3.05	1.071		
	其他	3.39	0.899		
Q23	工人	3.55	0.893	2.156	0.037*
	农民	3.43	1.044		
	教师	3.14	1.034		
	公务员	3.48	0.967		
	军人	3.57	1.121		
	医务人员	3.50	1.164		
	商人	3.14	1.014		
	其他	3.19	0.955		

注：* 表示平均差异在 0.05 水平是显著的。

（二）实验后实验组老年人健康差异分析

通过对实验后实验组不同性别老年人自诊健康的差异性分析发现，不同性别的老年人身体健康、心理健康、社会健康均无显著差异（$p > 0.05$）。在对不同性别的老年人健康各题项的差异分析发现，第 35 题“您最近穿衣、脱衣时，有没有不便之处？”（t =2.031，p=0.043）存在显著差异，其他题项不存在性别差异，如表 4-12 所示。根据对不同年龄实验组的老年人自诊健康状况的调查发现，不同年龄老年人身体健康、心理健康、社会健康均无显著差异（$p > 0.05$）。在对不同年龄老年人健康各题项的差异分析发现，各题项均无显著性差异（$p > 0.05$）。

表 4-12　实验后实验组不同性别的老年人健康差异分析

变量	指标	平均值	标准差	*t*	*p*
身体健康	男	37.60	4.56	– 0.061	0.951
	女	37.62	4.85		

（续表）

变量	指标	平均值	标准差	t	p
心理健康	男	30.71	3.70	1.016	0.31
	女	30.37	3.76		
社会健康	男	26.80	3.03	1.038	0.30
	女	26.51	3.24		
Q35	男	3.9	0.847	2.031	0.043*
	女	3.73	0.952		

注：* 表示平均差异在 0.05 水平是显著的。

通过对实验组不同学历的老年人自诊健康的差异性分析发现，不同学历的老年人身体健康、心理健康、社会健康均无显著差异（$p > 0.05$）。在对不同学历的老年人健康各题项的差异性分析发现，第 49 题“您经常参加社交聚会吗？”（f=5.462，p=0.000），说明不同学历老年人在参加社交聚会方面呈现出显著性差异，表 4-12 归纳了不同学历的老年人健康的差异分析。联合国在阐述“积极老龄化”的概念指出，老年人应尽可能地保持中年时期的生活节奏与生活方式，并尝试用新的社会角色取代因退休或丧偶而失去的旧角色，尽可能地缩小自身与社会差距。也就是强调老年人应该通过丰富多彩的社交活动来提升社会参与度，并以此提高生活质量。中国学者邓楠（2019）在果山公园老年人聚会的观察研究显示，身体健康状况良好且文化程度越高的老年人更热衷于社交活动。[①]

表 4-13　实验后实验组不同学历的老年人健康差异分析

变量	指标	平均值	标准差	f	p
身体健康	初中及以下	37.31	4.726	0.331	0.857
	高中或中专	37.90	4.416		
	大学专科	37.69	4.892		
	大学本科	37.56	4.839		
	研究生及以上	37.50	6.525		

① 邓楠 . 全媒体背景下老年社交圈层化研究 [J]. 收藏，2019，1.

（续表）

变量	指标	平均值	标准差	*f*	*p*
心理健康	初中及以下	30.36	3.800	0.189	0.944
	高中或中专	30.53	3.589		
	大学专科	30.71	4.044		
	大学本科	30.69	3.617		
	研究生及以上	30.75	1.282		
社会健康	初中及以下	26.66	3.070	1.447	0.217
	高中或中专	26.27	3.187		
	大学专科	27.15	3.229		
	大学本科	26.85	2.833		
	研究生及以上	25.88	4.190		
Q49	初中及以下	3.72	0.914	5.462	0
	高中或中专	3.57	0.956		
	大学专科	4.06	0.846		
	大学本科	3.93	0.814		
	研究生及以上	3.63	0.916		

通过对不同职业实验组老年人自诊健康的差异性分析可知，不同职业的老年人身体健康、心理健康、社会健康均无显著差异（$p > 0.05$）。在对不同职业的老年人健康各题项的差异性分析发现，第 47 题“您经常和同事、邻居交流吗？”（f=2.556，p=0.014）存在显著差异，如表 4-14 所示。这一数据也说明不同职业类型的老年人在人际交流方面是存在差异的。通过对不同收入水平实验组老年人自诊健康的差异性分析可知，不同收入水平的老年人身体健康、心理健康、社会健康均无显著差异（$p > 0.05$）。

表 4-14 实验后实验组不同职业的老年人健康差异分析

变量	指标	M	SD	*f*	*p*
身体健康	工人	38.16	4.566	0.926	0.486
	农民	36.96	3.417		
	教师	36.97	4.931		

（续表）

变量	指标	M	SD	*f*	*p*
	公务员	37.23	4.856		
	军人	37.05	6.712		
	医务人员	38.50	4.951		
	商人	36.62	4.092		
	其他	37.85	4.719		
心理健康	工人	30.81	3.870	0.790	0.596
	农民	30.08	3.566		
	教师	30.03	3.309		
	公务员	31.17	3.772		
	军人	31.19	5.046		
	医务人员	30.28	3.585		
	商人	29.71	2.813		
	其他	30.58	3.781		
社会健康	工人	26.91	2.949	0.698	0.674
	农民	26.29	2.571		
	教师	26.62	3.339		
	公务员	27.06	2.778		
	军人	25.67	4.066		
	医务人员	27.00	3.273		
	商人	26.90	3.562		
	其他	26.55	3.233		
Q47	工人	3.99	0.827	2.556	0.014
	农民	3.80	0.849		
	教师	3.93	0.835		
	公务员	3.75	0.934		
	军人	3.76	0.995		
	医务人员	4.09	0.818		
	商人	3.62	0.973		
	其他	3.60	0.981		

二、比较组老年人健康差异分析

（一）实验前比较组老年人健康差异分析

首先，对 533 名比较组老年人的健康状况进行分析后，发现不同性别的老年人在身体健康、心理健康、社会健康方面均不存在显著性差异（$p>0.05$），并且不同性别的老年人健康三个维度的各题项均无显著性差异（$p>0.05$）。

其次，在对不同年龄老年人健康状况的比较分析中发现，不同年龄老年人的社会健康（f=2.66，p=0.032）具有显著差异，而身体健康维度和心理健康维度均无显著性差异（$p>0.05$）。在对单个题项的差异分析可知，第 9 题“您觉得最近消化好吗？”（f=3.093，p=0.016）具有显著差异。表 4-15 总结了实验前比较组不同年龄的老年人健康状况的差异分析结果。

表 4-15　实验前比较组不同年龄的老年人健康差异分析

变量	指标	平均值	标准差	*f*	*p*
身体健康	60—64 岁	33.3941	5.40831	0.81	0.519
	65—69 岁	32.8689	5.37232		
	70—74 岁	33.9302	5.50677		
	75—79 岁	32.8182	4.51495		
	≥ 80 岁	32.2941	6.46882		
心理健康	60—64 岁	27.0690	4.26999	0.84	0.500
	65—69 岁	27.1366	4.04887		
	70—74 岁	27.9767	4.34667		
	75—79 岁	27.0455	3.20577		
	≥ 80 岁	26.9412	4.73644		
社会健康	60—64 岁	23.5616	3.45837	2.66	0.032*
	65—69 岁	23.5956	3.40174		
	70—74 岁	24.5465	3.13484		
	75—79 岁	23.3182	3.04060		
	≥ 80 岁	22.0588	3.07145		

（续表）

变量	指标	平均值	标准差	*f*	*p*
Q9	60—64 岁	3.42	0.948	3.093	0.016*
	65—69 岁	3.24	1.015		
	70—74 岁	3.40	0.924		
	75—79 岁	3.30	0.795		
	≥ 80 岁	2.65	0.996		

注：* 表示平均差异在 0.05 水平是显著的。

再次，在对不同学历层次、不同职业的老年人健康状况的比较分析中发现，老年人的身体健康、心理健康和社会健康不存在学历和职业方面的差异性（$p > 0.05$）。在对单个题项的差异分析来看，老年人健康的各题项也不存在学历和职业方面的差异性（$p > 0.05$）。

最后，通过对不同收入水平的老年人的健康状况比较分析发现，不同收入水平的老年人的身体健康、心理健康及社会健康均无显著差异（$p > 0.05$）。通过对单个题项的差异分析结果可知，第 8 题“您觉得最近食欲增加了吗？”（f=2.736，p=0.028）具有显著差异。第 13 题“您最近做家务时，有没有因腰、膝酸软等问题出现不便之处？”（f=4.275，p=0.002）具有显著差异。第 32 题“您会积极地和朋友对话吗？”（f=2.773，p=0.027）具有显著差异，如表 4-16 所示。

表 4-16 实验前比较组不同收入水平的老年人健康差异分析

变量	指标	平均值	标准差	*f*	*p*
身体健康	≤ 1000 元	34.2917	4.38851	2.291	0.059
	1001—2000 元	34.6744	4.97958		
	2001—3000 元	33.7134	5.69228		
	3001—4000 元	32.7953	5.13113		
	> 4000 元	32.4733	5.45940		
心理健康	≤ 1000 元	27.5833	2.61960	1.007	0.403
	1001—2000 元	28.2326	3.82870		
	2001—3000 元	27.3293	4.50781		
	3001—4000 元	27.1404	4.11927		
	> 4000 元	26.8397	4.01117		

（续表）

变量	指标	平均值	标准差	*f*	*p*
社会健康	≤ 1000 元	22.75	2.78583	1.379	0.240
	1001—2000 元	24.3488	3.99931		
	2001—3000 元	23.8841	3.41487		
	3001—4000 元	23.6608	3.20508		
	＞ 4000 元	23.3359	3.35722		
Q8	≤ 1000 元	3.63	0.875	2.736	0.028*
	1001—2000 元	3.49	1.077		
	2001—3000 元	3.41	1.020		
	3001—4000 元	3.32	0.973		
	＞ 4000 元	3.10	1.037		
Q13	≤ 1000 元	3.83	0.917	4.275	0.002**
	1001—2000 元	3.53	0.984		
	2001—3000 元	3.41	1.032		
	3001—4000 元	3.23	0.952		
	＞ 4000 元	3.09	1.106		
Q32	≤ 1000 元	2.96	0.955	2.773	0.027*
	1001—2000 元	3.51	0.935		
	2001—3000 元	3.41	0.878		
	3001—4000 元	3.47	0.897		
	＞ 4000 元	3.25	0.871		

注：* 表示平均差异在 0.05 水平是显著的，** 表示平均差异在 0.01 水平是显著的。

（二）实验后比较组老年人健康差异分析

根据本研究的目的，在实验 3 个月后再次对 533 名比较组老年人的健康状况开展调查，通过对调查结果进行分析，发现不同性别的老年人在身体健康、心理健康、社会健康方面均不存在显著性差异（$p > 0.05$）。不同性别的老年人关于身体健康维度的第 16 题（t=2.227，p=0.026）具有显著差异，说明比较组不同性别的老年人在关节功能方面存在显著差异，表 4-16 汇总了实验后比较组不同性别的老年人健康差异分析结果。国外学者 Cicuttini，F. M.（1997）的研究表明，65 岁以上老年人相较年轻群体患退化性关节炎的概率更高，65 岁以上的男性老年人患退化性关节炎的比率增至 58%，女性老年人的患病比率增至 68%。[①]

表 4-17　实验后比较组不同性别的老年人健康差异分析

变量	指标	平均值	标准差	t	p
身体健康	男	35.50	4.864	0.579	0.563
	女	35.25	5.202		
心理健康	男	29.06	4.288	1.056	0.292
	女	28.67	4.222		
社会健康	男	25.23	3.602	0.663	0.508
	女	25.03	3.473		
Q16	男	3.68	1.039	2.227	0.026*
	女	3.47	1.117		

注：* 表示平均差异在 0.05 水平是显著的

对于比较组不同年龄的老年人在身体健康、心理健康及社会健康方面均无显著差异（$p > 0.05$），而且对不同年龄的老年人健康状况的各题项均无显著差异（$p > 0.05$）。在对比较组不同学历层次的老年人的调查分析发现，不同学历的老年人在身体健康、心理健康、社会健康方面均无显著差异（$p > 0.05$），而且对不同学历层次的老年人健康状况的各题项的分析来看均无显著差异（$p > 0.05$）。

通过对于比较组不同职业的老年人的健康状况差异性分析发现，比较组老年人的身体健康、心理健康和社会健康均无职业的差异性（$p > 0.05$）。通过对不同职业的老年人健康状况各题项的分析发现，在心理健康维度的第 25 题“是否对自己的生活充满热情”（f=3.151，p=0.003）呈显著差异，如表 4-18 所示。中国学者李贝（2015）的研究表明，老年人因体质的下降和角色转变对自身心理健康和主观幸福度方面均存在较大的影响。[②] 并且邓云龙（2012）等人的研究也指出，家人和社会的支持对老年

① Cicuttini，F. M.，Spector，T. D.. Evidence for the increasing prevalance of osteoarthritis with ageing：does this pertain to the oldest old?[J]. In Osteoarthritis. Public health impact in an aging population，1997：49-62.

② 李贝，张屹立 . 健康及相关因素对广东省高校离退休老年人生活质量的影响 [J]. 医学与社会，2015，28（8）：71-73.

人主观幸福度和生活热情都具有积极的正向作用，而家庭和社会支持的缺失极易导致老年人患抑郁症及出现其他心理负面情绪。[①] 而对于不同收入的老年人的身体健康状况各维度的分析可知，比较组老年人在身体健康、心理健康和社会健康方面均无显著差异（$p > 0.05$）。

表 4-18　实验后比较组不同职业的老年人健康差异分析

变量	指标	平均值	标准差	*f*	*p*
身体健康	工人	35.60	5.231	0.563	0.786
	农民	35.51	5.575		
	教师	36.00	5.564		
	公务员	35.51	5.626		
	军人	34.85	5.304		
	医务人员	34.54	5.093		
	商人	34.15	3.850		
	其他	35.39	4.683		
心理健康	工人	28.77	4.436	0.672	0.696
	农民	28.89	4.350		
	教师	29.49	4.515		
	公务员	29.02	3.698		
	军人	29.19	3.742		
	医务人员	28.04	4.294		
	商人	27.73	4.446		
	其他	28.96	4.233		
社会健康	工人	24.85	3.506	0.623	0.737
	农民	24.70	3.387		
	教师	25.32	3.588		
	公务员	25.77	3.252		
	军人	24.85	3.634		

① 邓云龙，阳中华，陈向一. 社会支持和家庭功能与老年人主观幸福感的相关性 [J]. 中国老年学杂志，2012，32（16）：3501-3503.

（续表）

变量	指标	平均值	标准差	*f*	*p*
	医务人员	24.58	3.276		
	商人	25.06	3.288		
	其他	25.31	3.708		
Q25	工人	3.64	1.111	3.151	0.003**
	农民	3.72	1.077		
	教师	4	1.022		
	公务员	3.64	1.009		
	军人	3.74	1.259		
	医务人员	2.96	1.038		
	商人	3.15	1.176		
	其他	3.57	1.093		

注：** 表示平均差异在 0.01 水平是显著的。

三、实验前实验组和比较组老年人健康差异分析

通过对不同性别、不同年龄、不同学历、不同收入水平、不同职业、是否接受针对性服务分析，群体老年人在身体健康、心理健康、社会健康方面均不存在显著性差异（$p > 0.05$）。这也印证了在样本选取时，选取健康水平相似的两个群体进行研究的设定。表 4-18 汇总了社区老年人健康状况差异性分析结果。

对于不同性别而言，第 19 题“您对未来乐观吗？”（p=0.042）和第 20 题“日常生活中，您自信吗？”（p=0.034）这两个问题在性别差异上具有显著性。从不同年龄情况来分析，第 22 题“您觉得情绪稳定吗？”（f=3.740，p=0.005）具有显著差异。从不同教育程度受访者来看，第 8 题“您觉得最近食欲增加了吗？”（f=3.124，p=0.014）和第 13 题“您最近做家务时，有没有因腰、膝酸软等问题出现不便之处？”（f=3.792，p=0.005）以及第 29 题“您经常参加社交聚会吗？”（f=2.912，p=0.021）具有显著差异。对于不同收入人群而言，第 13 题“您最近做家务时，有没有因腰、膝酸软等问题出现不便之处？”（f=2.711，p=0.029）具有显著差异。针对是否接受针对性运动服务人群而言，第 15 题“您最近穿衣、脱衣时，有没有不便之处？”（p=0.02）和第 27 题“您经常和同事、邻居交流吗？”（p=0.032）具有显著差异。

表 4-19 社区老年人健康状况差异分析

变量	指标	身体健康	心理健康	社会健康
性别	男性	33.25 ± 5.33	27.34 ± 4.24	23.72 ± 3.42
	女性	33.23 ± 5.61	26.91 ± 4.24	23.52 ± 3.53
	t 值	0.055	1.615	0.930
	p 值	0.956	0.107	0.353
年龄（岁）	60—64	33.2 ± 5.57	26.84 ± 4.46	23.45 ± 3.50
	65—69	33.33 ± 5.28	27.2 ± 4.01	23.61 ± 3.53
	70—74	33.36 ± 5.66	27.61 ± 4.36	24.24 ± 3.44
	75—79	32.73 ± 5.19	26.49 ± 3.78	23.30 ± 3.29
	≥ 80	33.39 ± 6.08	28.19 ± 4.24	22.97 ± 3.08
	f 值	0.225	2.059	2.169
	p 值	0.925	0.084	0.071
学历	初中及以下	32.82 ± 5.55	33.24 ± 5.47	27.12 ± 4.25
	高中或中专	33.87 ± 5.15	26.94 ± 4.27	23.54 ± 3.41
	大学专科	33.11 ± 5.44	27.34 ± 4.22	23.51 ± 3.78
	大学本科	33.14 ± 5.91	27.35 ± 4.37	23.89 ± 3.40
	研究生	33.13 ± 5.49	26.79 ± 4.18	23.65 ± 3.10
	f 值	1.548	0.802	0.525
	p 值	0.186	0.524	0.718
职业	工人	33.59 ± 5.40	33.24 ± 5.47	27.12 ± 4.25
	农民	33.12 ± 4.94	27.28 ± 4.51	23.70 ± 3.432
	教师	33.12 ± 6.06	26.90 ± 4.21	23.64 ± 2.97
	公务员	33.20 ± 5.66	26.93 ± 4.29	23.33 ± 3.83
	军人	32.65 ± 6.88	27.72 ± 4.02	23.94 ± 3.35
	医务人员	33.03 ± 5.74	27.67 ± 4.51	23.00 ± 3.76
	商人	32.06 ± 4.80	26.74 ± 3.57	23.62 ± 3.85
	其他	33.4 ± 5.28	25.83 ± 4.13	23.30 ± 3.59
	f 值	0.636	1.273	0.537
	p 值	0.726	0.261	0.807

（续表）

变量	指标	身体健康	心理健康	社会健康
月收入（元）	≤ 1000	33.59 ± 5.40	32.06 ± 4.80	27.72 ± 4.02
	1001—2000	33.12 ± 4.94	33.40 ± 5.28	27.67 ± 4.51
	2001—3000	33.12 ± 6.06	33.24 ± 5.47	26.74 ± 3.57
	3001—4000	33.2 ± 5.66	27.28 ± 4.51	25.83 ± 4.13
	> 4000	32.65 ± 6.88	26.90 ± 4.21	27.72 ± 4.02
	f 值	0.642	0.119	0.422
	p 值	0.633	0.976	0.793
是否接受针对性运动服务	实验组	33.27 ± 5.581	27.00 ± 4.358	23.57 ± 3.597
	比较组	33.22 ± 5.377	27.23 ± 4.143	23.66 ± 3.365
	f 值	0.14	– 0.886	– 0.437
	p 值	0.888	0.376	0.662

四、实验后实验组和比较组老年人健康差异分析

根据本研究的目的，在实验后对实验组和比较组老年人健康状况进行了差异分析，表 4-20 总结了实验后实验组和比较组老年人的健康差异分析情况。根据表 4-19 可知，在实验后，实验组老年人与比较组老年人健康状况存在显著差异（t=9.064，$p < 0.001$）。实验组老年人与比较组老年人在身体健康（t=7.379，$p < 0.001$）、心理健康（t=6.704，$p < 0.001$）及社会健康（t=7.371，$p < 0.001$）方面的差异均存在统计学意义上的显著性。从实验后实验组与比较组老年人自诊健康各题项差异分析结果可知，实验组和比较组老年人的各题项的差异性均存在统计学意义。

此外，从实验组与比较组老年人健康的均值比较来看，实验组老年人的健康水平比比较组老年人健康水平高 5.44。实验组老年人的身体健康、心理健康及社会健康水平均高于比较组老年人，实验组与比较组老年人的身体健康平均数差异值为 2.24，心理健康平均数差异值为 1.66，社会健康平均数差异值为 1.53。由此可知，公共体育服务政策的实施对提升老年人身体健康水平的效果最好，其次是对心理健康水平的改善效果，最后是对社会健康水平的改善效果。

从实验后实验组和比较组老年人健康各题项的均值比较来看，实验组老年人各题

项的均值均高于比较组老年人。从各题项中实验组与比较组健康平均数差异值可知，在身体健康层面，实验组与比较组健康平均数差异值最大的是第15题“您最近穿衣、脱衣时，有没有不便之处？”平均数差异值为0.34；平均数差异值排第二的是第8题“您觉得最近食欲增加了吗？”平均数差异值为0.27；平均数差异值排第三的是第10题“您最近觉得睡眠质量好吗？”和第14题“您最近外出时，在行动等方面有没有不便之处？”平均数差异值为0.26。而实验组与比较组健康平均数差异值最小的是第9题“您觉得最近消化好吗？”平均数差异值为0.14。说明，在实验后，实验组老年人在穿衣、脱衣这一生活功能方面的改善效果与比较组老年人相比具有最大的优势。其次是改善食欲的效果优于比较组老年人。再次是对睡眠质量的改善和日常外出、行动的生活功能的改善优于比较组。最后在消化功能方面的改善效果最弱。

在心理健康层面，实验组与比较组健康平均数差异值最大的是第18题“您对现在的日常生活满意吗？”平均数差异值为0.26；平均数差异值排第二的是第19题“您对未来乐观吗？”平均数差异值为0.25；平均数差异值排第三的是第25题“您觉得对自己的生活充满热情吗？”平均数差异值为0.23。而平均数差异值最小的是第24题“您觉得自己处于心理不安的状态吗？”平均数差异值为0.14。说明在实验后，实验组老年人在对生活满意情况的改善效果方面与比较组老年人相比具有最大的优势。其次是实验组老年人在对未来保持乐观心态方面的改善效果优于比较组老年人。再次，实验组老年人在对生活充满热情的心态方面改善效果优于比较组老年人。最后，实验组老年人在心理不安状态方面的改善效果优于比较组老年人，但是该问题改善效果比其他问题的改善效果都低。

在社会健康层面，实验组与比较组老年人健康平均数差异值最大的是第28题“您乐意和别人分享悲伤和喜悦吗？”和第31题“您能处理好交给自己的工作（任务）吗？”平均数差异值为0.28。平均数差异值排第二的是第30题“您在任何事情上都会和别人合作吗？”平均数差异值为0.23。平均数差异值排第三的是第29题“您经常参加社交聚会吗？”平均数差异值为0.22。而平均数差异值最小的是第27题“您经常和同事、邻居交流吗？”平均数差异值为0.15。研究结果表明，首先，实验后实验组老年人在积极与别人分享悲伤和喜悦方面和处理好自身的工作任务方面与比较组老年人相比提升效果最好。其次，实验组老年人在生活或工作中与人合作方面的改善效果优于比较组老年人。再次，实验组老年人在参加社交聚会方面的频率比比较组老年人更积极。最后，实验组老年人在和同事、邻居交流方面也优于比较组老年人，但是与其他问题相比提升效果最小。说明公共体育服务政策的实施对老年人增加社交活动和社会接触方面有很大的促进作用。

表 4-20 实验后实验组与比较组老年人健康差异分析

变量	实验组（M ± SD）	比较组（M ± SD）	实验组与比较组健康平均数差异值	*t*	*p*
健康	94.79 ± 9.259	89.35 ± 10.013	5.44	9.064	0.000***
身体健康	37.61 ± 4.706	35.37 ± 5.045	2.24	7.379	0.000***
心理健康	30.52 ± 3.728	28.86 ± 4.253	1.66	6.704	0.000***
社会健康	26.66 ± 3.141	25.13 ± 3.531	1.53	7.371	0.000***
Q8	3.76 ± 1.064	3.49 ± 1.156	0.27	3.909	0.000***
Q9	3.69 ± 0.956	3.55 ± 1.069	0.14	2.182	0.029*
Q10	3.74 ± 0.943	3.48 ± 1.172	0.26	3.868	0.000***
Q11	3.74 ± 0.95	3.55 ± 1.097	0.19	2.887	0.004**
Q12	3.78 ± 0.936	3.62 ± 1.074	0.16	2.663	0.008**
Q13	3.72 ± 0.936	3.54 ± 1.102	0.18	2.850	0.004**
Q14	3.79 ± 0.929	3.53 ± 1.14	0.26	4.105	0.000***
Q15	3.81 ± 0.905	3.47 ± 1.123	0.34	5.449	0.000***
Q16	3.77 ± 0.937	3.57 ± 1.085	0.20	3.165	0.002**
Q17	3.81 ± 1.032	3.57 ± 1.131	0.24	3.501	0.000***
Q18	3.92 ± 0.873	3.66 ± 1.072	0.26	4.328	0.000***
Q19	3.86 ± 0.941	3.61 ± 1.109	0.25	3.893	0.000***
Q20	3.80 ± 0.972	3.58 ± 1.095	0.22	3.514	0.000***
Q21	3.78 ± 0.908	3.62 ± 1.09	0.16	2.678	0.008**
Q22	3.80 ± 0.965	3.59 ± 1.108	0.21	3.325	0.001**
Q23	3.79 ± 0.929	3.60 ± 1.134	0.19	2.856	0.004**
Q24	3.75 ± 0.975	3.61 ± 1.101	0.14	2.182	0.029*
Q25	3.82 ± 0.936	3.59 ± 1.109	0.23	3.506	0.000***
Q26	3.81 ± 0.945	3.65 ± 1.126	0.16	2.408	0.016*

（续表）

变量	实验组（M ± SD）	比较组（M ± SD）	实验组与比较组健康平均数差异值	*t*	*p*
Q27	3.79 ± 0.919	3.64 ± 1.082	0.15	2.411	0.016*
Q28	3.87 ± 0.937	3.59 ± 1.055	0.28	4.414	0.000***
Q29	3.77 ± 0.918	3.55 ± 1.057	0.22	3.672	0.000***
Q30	3.73 ± 0.918	3.50 ± 1.117	0.23	3.696	0.000***
Q31	3.87 ± 0.896	3.59 ± 1.084	0.28	4.622	0.000***
Q32	3.81 ± 0.932	3.60 ± 1.031	0.21	3.371	0.001**

注：* 表示平均差异在 0.05 水平是显著的，** 表示平均差异在 0.01 水平是显著的，*** 表示平均差异在 0.001 水平是显著的。

五、实验前后老年人健康状况差异分析

（一）实验前后老年人自诊健康状况差异分析

根据本研究的目的，比较组不参与实验，采用与实验组实验实施前后的相近时间开展对比采样。表 4-21 是政策实施前后老年人自诊健康状况的配对平均数差异的 t 检验结果和 DID 分析结果。

从表 4-21 中可知，就比较组老年人自诊健康状况而言，老年人在 3 个月后与 3 个月前的平均差异值为 5.24（=89.35–84.11），平均数差异值检验的 t 值为 27.935，显著性检验概率值 $p < 0.001$，达到显著水平。表示比较组老年人在 3 个月后的自诊健康测量值与 3 个月前的自诊健康测量值间存在显著差异，比较组老年人 3 个月后的自诊健康测量值显著高于 3 个月前的自诊健康测量值。

就实验组老年人自诊健康状况而言，老年人在实验后与实施前的平均差异值为 10.97（=94.80–83.83），平均数差异值检验的 t 值为 60.418，显著性检验概率值 $p < 0.001$，达到显著水平。表示实验组老年人在实验后的自诊健康测量值比实验前的自诊健康测量值间存在显著差异，实验组老年人在实验后的自诊健康测量值显著高于实验前的自诊健康测量值。通过对实验前后实验组与比较组的双重差异分析可知，在实验前，比较组和实验组老年人的健康水平无显著差异，满足平行趋势假设。此外，在实

验后，实验组老年人与比较组老年人健康的 DID 值为 9.049，存在 $p < 0.01$ 显著差异。这一数据说明，公共体育服务政策的实施可有效帮助老年人健康状况的提升。相较于比较组而言，实验组老年人在公共体育服务政策的干预下，健康水平提升优于比较组，验证了本研究的假设。

众所周知，随着年龄的增长，老年人的身体机能日趋老化，肌力、灵敏度、平衡能力及心肺功能等均随着年龄的增长而下降。而参加强度合适且有规律的运动，对于降低老年人心血管和代谢性疾病的风险具有重要意义。张建（2014）等人的研究表明，通过规律的适量运动可增强老年人的肌力，有效减少老年人跌倒的发生，特别是可减少抑郁的产生和延缓功能性减退，对促进老年人身心健康意义重大。[①] 本研究中比较组未施加公共体育服务指导，在对比较组老年人的采访中发现，有充足时间且天气好的情况下，老年人会自发地参与运动，但是对于每次运动的时长和每周运动的时间不固定。[②] 比较组老年人对运动可提升自身健康水平有较强的意识，但是运动的不确定因素导致比较组老年人虽然运动动机非常强烈，但是实际运动的参与度不高或不稳定。而实验组的老年人因可获得针对性运动服务，社会体育指导员在对实验组老年人提供针对性运动服务时，设计每次运动时长的安排，而且每周运动的时间和场地基本固定。研究结果显示，与不规律运动相比，规律运动更能促进老年人健康。我国学者李芳（2018）的研究也证实了这一研究结果，其研究结果显示，固定锻炼频度可显著增强老年人自评健康水平，而锻炼频率不固定的老年人自评健康虽有增长，但健康提升水平比固定锻炼频率的老年人低。[③]

本研究使用双重差分模型对老年人整体健康水平进行评估，每个模型的区别在于是否加入控制变量。由双重差分模型可知，核心解释变量的系数为正数，表明实验对老年人健康有显著的正向影响，老年人健康水平差异显著。其中，人力因素与健康水平呈显著正相关，系数为 0.334，$p < 0.1$；设施因素与健康水平呈显著负相关，系数为 -0.558，$p < 0.01$。在加入控制变量后，模型显示，收入水平在显著性水平 5% 上是显著的，说明收入水平对老年人健康有显著的提升作用，而且影响显著。

---

① 张建，范利．老年医学（第 2 版）[M]. 北京：人民卫生出版社，2014：26-28.

② 根据比较组老年人访谈记录整理。

③ 李芳，王秀红，汪俊华，蒋芝月，邓开盛，傅洪梅，张婕．贵阳市老年人体育锻炼与健康自评的相关性 [J]. 贵州医科大学学报，2018，43（3）：299-304.

表 4-21　实验前后老年人健康状况差异性分析结果

项目	分组	政策实施前	政策实施后	t	p
自诊健康状况	比较组	84.11 ± 10.60	89.35 ± 10.01	27.935	< 0.001
	实验组	83.83 ± 11.32	94.80 ± 9.25	60.418	< 0.001
	DID	9.049*** （0.545）			
	Constant	85.75*** （0.268）			

注：*** 表示平均差异在 0 .001 水平是显著的。

（二）实验前后老年人身体健康状况对比分析

1. 老年人身体健康层面对比分析

表 4-22 是实验前后老年人身体健康状况的配对平均数差异的 T 检验结果和 DID 分析结果。从表 4-10 可知，就比较组老年人身体健康层面而言，老年人在 3 个月后与 3 个月前的平均差异值为 2.15（=35.37–33.22），平均数差异值检验的 t 值为 20.124，显著性检验概率值 $p < 0.001$，达到显著水平。表示比较组老年人在 3 个月后的身体健康测量值与 3 个月前的身体健康测量值之间存在显著差异，比较组老年人 3 个月后的身体健康测量值显著高于 3 个月前的身体健康测量值。

就实验组老年人身体健康层面而言，老年人在实验前后的平均差异值为 4.34（=37.61–33.27），平均数差异值检验的 t 值为 43.770，显著性检验概率值 $p < 0.001$，达到显著水平。表示实验组老年人在实验后的身体健康测量值与实验前的身体健康测量值之间存在显著差异，实验组老年人实验后的身体健康测量值显著高于实验前的身体健康测量值。

通过对实验前后实验组与比较组的双重差异分析可知，实验前，比较组和实验组老年人的身体健康水平无显著差异，而实验后，实验组老年人身体健康与比较组老年人身体健康的 DID 值为 3.667，并存在 $p < 0.01$ 显著差异。这一数据说明，公共体育服务政策的实施可有效促进老年人身体健康水平的提升。相较于比较组而言，实验组老年人在公共体育服务政策的干预下，身体健康水平提升程度优于比较组，验证了本研究的假设。

学界关于运动可促进身体健康的研究成果较为丰富，运动对提高体适能具有非常理想的效果。体适能是指通过身体运动、健康的生活方式和良好的营养来促进全身器官和系统健康，保持身心愉悦的全能运动能力。此外，运动对于增加肌肉力量的效果可有效改善老年人的身体平衡能力。而运动对身体柔韧性的显著提升可有效改善老年人关节活动能力。本研究自诊健康的“身体健康”层面包含躯体症状和器官功能、日常生活功能以及行动能力三方面的调查。在对实验组老年人的访谈可知，针对性运动服务中提供的健康养生知识，对唤醒老年人健康意识有显著帮助，更能激发老年人的运动动机并保证运动的开展。实验组老年人经过 3 个月的针对性运动服务后，自身感觉体力、身体的灵活性、肌肉酸痛等有改善。而比较组老年人表示在体力、身体灵活性、肌肉酸痛症状等方面改善情况不一，部分老年人表示无明显改善甚至身体机能水平有所降低，这一情况与本研究的结果相符。

中国学者朱建明（2018）通过施加渐进式抗阻运动，对老年人的体能状况总分及平衡能力、步行速度的得分较对照组更高，[①] 而国外学者 Yeun（2017）的研究也证实了这一观点。[②] 有规律的适当运动可增加老年人下肢肌肉数量及质量，还可提高下肢关节的灵活性，并维持步态的稳定性，从而提高机体的平衡能力及步行速度，整体上提高了老年人的躯体活动能力。

表 4-22 实验前后老年人身体健康层面差异性分析结果

项目	分组	实验前	实验后	t	p
身体健康	比较组	33.22 ± 5.38	35.37 ± 5.05	20.124	< 0.001
	实验组	33.27 ± 5.58	37.61 ± 4.70	43.77	< 0.001
	DID	3.667*** （0.272）			
	Constant	33.94*** （0.134）			

注：*** 表示平均差异在 0 .001 水平是显著的。

2. 身体健康层面各题项对比分析

表 4-23 是实验前后比较组和实验组身体健康层面各题项的配对平均数差异的 t 检

① 朱建明. 弹力带抗阻力训练对老年人体成分、力量及身体活动能力的影响研究 [D]. 上海体育学院，2018.

② Yeun，Y. R.. Effectiveness of resistance exercise using elastic bands on flexibility and balance among the elderly people living in the community：a systematic review and meta-analysis[J]. Journal of physical therapy science，2017，29（9）：1695-1699.

验结果。在对比较组老年人3个月前和3个月后身体健康层面各题项的对比分析发现，比较组老年人身体健康层面各问题3个月后的平均值都高于3个月前的平均值，说明3个月后比较组老年人身体健康状况有所提升。各问题中平均值差异值最大的是第11题“您最近很容易感到疲劳吗？”平均值差异值为0.26（=3.55–3.29），平均数差异值检验的 t 值为8.034，显著性检验概率值 $p < 0.001$，达到显著水平。说明经过3个月，在身体健康层面老年人身体疲劳感的测量值增长最多，意味着老年人的身体疲劳感相较于3个月前呈显著降低水平。

在各题项中平均值差异值最小的是第14题“您最近外出时，在行动等方面有没有不便之处？”平均值差异值为0.13（=3.53–3.4），平均数差异值检验的 t 值为4.472，显著性检验概率值 $p < 0.001$，达到显著水平。这一数据说明，3个月后在身体健康层面，老年人在外出行动方面的测量值增长最少，意味着老年人外出行动的便利性虽然有所改善，但是与身体健康层面其他题项相比外出行动的改善最小。

在对实验组老年人实施公共体育服务政策前后身体健康层面各题项的对比分析发现，实验组老年人身体健康层面各题项在实验后的平均值均高于实验前的平均值，说明实验后实验组老年人身体健康各题项的平均水平有所提升。在身体健康层面各题项中平均差异值最大的是第13题“您最近做家务时，有没有因腰、膝酸软等问题出现不便之处？”平均值差异值为0.46（=3.72–3.26），平均数差异值检验的 t 值为15.995，显著性检验概率值 $p < 0.001$，达到显著水平。说明实验后，在身体健康层面老年人对进行家务活动时的腰膝酸软方面问题的测量值相较其他题项的增长最大，意味着对于日常生活中老年人腰膝酸软问题的改善程度也最大。随着年龄的增长，老年人机体生理功能逐渐退化，慢性病患病率逐年增高，老年人通过适宜有规律的运动可有效改善老年人四肢肌肉力量和平衡能力。本研究中实验组老年人通过针对性运动服务腰膝酸软问题的改善程度最大也证实了这一观点。伍朝明（2021）的研究证实了老年人参加运动可有效增加肌肉体积，提升反应速度和平衡能力，对老年人步行能力和平衡能力改善效果显著。①

在对实验组老年人实施公共体育服务政策后，身体健康层面各题项中平均差异值最小的是第9题“您觉得最近消化好吗？”平均差异值为0.4（=3.69–3.29），平均数差异值检验的 t 值为15.437，显著性检验概率值 $p < 0.001$，达到显著水平。说明实验

① 伍朝明，孙君志．下肢抗阻训练对老人步行能力及平衡能力影响的 Meta 分析 [J]. 中国组织工程研究，2021，25（26）：4257.

后，在身体健康层面老年人在消化功能方面的测量值相较其他题项的测量值增长最小，意味着在日常生活中老年人的消化功能问题的改善程度最小。随着年龄增长，肌肉组织不断减少，对老年人的免疫力、活动能力、食欲及消化能力均有影响。吴喻（2021）对高龄居家老年人能力的研究也证实了适量有规律的运动可帮助老年人改善体质，并对消化系统功能有较好的影响。[①]

表 4-23　实验前后老年人身体健康层面各题项差异性分析结果

项目	分组	干预前	干预后	t	p
Q8	比较组	3.32 ± 1.02	3.49 ± 1.16	5.341	< 0.001
	实验组	3.32 ± 1.09	3.76 ± 1.07	14.933	< 0.001
Q9	比较组	3.32 ± 0.97	3.55 ± 1.07	7.415	< 0.001
	实验组	3.29 ± 0.99	3.69 ± 0.96	15.437	< 0.001
Q10	比较组	3.25 ± 1.02	3.48 ± 1.17	7.498	< 0.001
	实验组	3.29 ± 0.98	3.74 ± 0.94	16.139	< 0.001
Q11	比较组	3.29 ± 1.02	3.55 ± 1.10	8.034	< 0.001
	实验组	3.33 ± 1.01	3.74 ± 0.95	15.130	< 0.001
Q12	比较组	3.37 ± 0.97	3.62 ± 1.07	8.096	< 0.001
	实验组	3.37 ± 0.99	3.78 ± 0.94	15.447	< 0.001
Q13	比较组	3.30 ± 1.03	3.54 ± 1.10	7.864	< 0.001
	实验组	3.26 ± 1.03	3.72 ± 0.94	15.995	< 0.001
Q14	比较组	3.40 ± 1.01	3.53 ± 1.14	4.472	< 0.001
	实验组	3.35 ± 1.01	3.80 ± 0.93	15.821	< 0.001
Q15	比较组	3.24 ± 0.99	3.47 ± 1.12	7.309	< 0.001
	实验组	3.38 ± 0.96	3.81 ± 0.90	16.009	< 0.001
Q16	比较组	3.37 ± 1.01	3.57 ± 1.09	6.934	< 0.001
	实验组	3.31 ± 1.00	3.77 ± 0.94	15.882	< 0.001
Q17	比较组	3.37 ± 1.00	3.57 ± 1.13	6.570	< 0.001
	实验组	3.37 ± 1.04	3.81 ± 1.03	16.447	< 0.001

① 吴喻，张兰凤，陈建群，严学峰．高龄居家老人能力现状及影响因素分析 [J]. 实用临床医药杂志，2021，25（16）：120-124.

（三）实验前后老年人心理健康状况对比分析

1. 老年人心理健康层面对比分析

表 4-24 是实验前后老年人心理健康状况的配对平均数差异的 T 检验结果和 DID 分析结果。从表 4-24 中可知，就比较组老年人心理健康层面而言，老年人在 3 个月后与 3 个月前的平均差异值为 1.63（=28.86–27.23），平均数差异值检验的 t 值为 17.328，显著性检验概率值 $p < 0.001$，达到显著水平。表示比较组老年人在 3 个月后的心理健康测量值与 3 个月前的心理健康测量值之间存在显著差异，比较组老年人 3 个月后的心理健康测量值显著高于 3 个月前的心理健康测量值，说明 3 个月后老年人心理健康水平有所提升。

就实验组老年人心理健康层面而言，老年人在实验前后的平均差异值为 3.54（=30.54–27.00），平均数差异值检验的 t 值为 41.240，显著性检验概率值 $p < 0.001$，达到显著水平。表示实验组老年人在实验后的心理健康测量值与实验前的心理健康测量值之间存在显著差异，实验组老年人实验后的心理健康测量值显著高于实验前的心理健康测量值。

通过对实验前后实验组与比较组的双重差异分析可知，在实验前，比较组和实验组老年人的心理健康水平无显著差异，而在实验后，实验组老年人心理健康与比较组老年人心理健康的 DID 值为 2.842，并存在 $p < 0.01$ 显著差异。这一数据说明，公共体育服务政策的实施可有效促进老年人心理健康水平的提升。相较于比较组而言，实验组老年人在公共体育服务政策的干预下，实现心理健康水平提升程度优于比较组，验证了本研究的假设。

现今，众多老年人普遍存在身体健康状况和生理功能下降的问题，而缺乏子女照顾及家人陪伴，导致老年人的心理问题也随之显现。相关调查显示，空巢老人的家庭数量逐年增加，80.94% 空巢老人有中到高等程度的孤独感，[①] 有 30.11% 的老年人会出现焦虑的相关症状。[②] 社区体育运动是社区养老模式下老年人健身活动的主要形式，个性化的运动项目更能满足老年人日常运动的需求。适量且有规律的运动可帮助老年人保持头脑清醒，提高思维敏捷能力，对减轻人口老龄化对家庭和社会的压力具有保

---

① 张川骎，李宁，张忆雄，马佳，李黎，冉文亮，李小平 . 不同养老模式下老年人生活质量与信息查询行为相关性分析 [J]. 中华医学图书情报杂志，2014（7）：55-58.

② 吴燕，李幸，李彦章 . 老年人主观幸福感和行为抑制激活系统的关系 [J]. 中华行为医学与脑科学杂志，2014，23（12）：1111-1114.

障意义。以社区为空间基础的运动形式可有效增进老年人之间的交流，帮助老年人彼此增进情感。有学者的研究指出，规律的太极拳训练对有效调节和消除老年人的不良情绪，提升老年人的成就感与满足感及主观幸福感均有显著效果。[①] 在运动过程中学会新动作，在达成运动的持续时间和频度后会表现出极大的成就感并提升个人自信水平，这对老年人调节情绪感知能力、有效降低抑郁及缓解焦虑均具有显著的效果。

表 4-24　实验前后老年人心理健康层面差异性分析结果

项目	分组	实验前	实验后	*t*	*p*
心理健康	比较组	27.23 ± 4.14	28.86 ± 4.25	17.328	＜ 0.001
	实验组	27.00 ± 4.36	30.54 ± 3.73	41.240	＜ 0.001
	DID	2.842^{***}（0.217）			
	Constant	27.69^{***}（0.106）			

注：*** 表示在 0.001 水平上的平均差异很显著。

2. 心理健康层面各题项对比分析

表 4-25 是实验前后老年人心理健康层面各题项的配对平均数差异的 t 检验结果。从表 4-15 中可知，在对比较组老年人 3 个月前和 3 个月后心理健康层面各题项的对比分析发现，比较组老年人心理健康层面各题项 3 个月后的平均值均高于 3 个月前的平均值，说明 3 个月后比较组老年人心理健康各题项水平有所提升。各题项中平均差异值最大的是第 25 题“您觉得对自己的生活充满热情吗？”平均值差异值为 0.26（=3.59–3.33），平均数差异值检验的 t 值为 8.008，显著性检验概率值 $p < 0.001$，达到显著水平。说明经过 3 个月，在心理健康层面老年人生活热情方面的测量值增长最多，意味着老年人的生活热情相较于 3 个月前水平显著提高，在该方面的改善程度最大。

在心理健康层面各题项中平均差异值最小的是第 20 题“日常生活中，您自信吗？”平均值差异值为 0.17（=3.58–3.41），平均数差异值检验的 t 值为 5.424，显著性检验概率值 $p < 0.001$，达到显著水平。说明在 3 个月后，在心理健康层面老年人对个人生活自信方面的测量值相较其他题项的增长最少，意味着对于个人生活自信方面的改善程度也最小。

---

① 孟令男 . 社区太极拳运动对空巢老人幸福指数的提升研究 [J]. 收藏，2019，4.

老年人在退休后，闲暇时间增多，面对长时间的退休生活老年人必然会对生活模式进行调整，并选择适合自己的活动类型，安排自己的活动范畴。闲暇活动的差异影响着老年人生存发展的协调性与均衡性，不仅是他们生活质量高低的现实反映，也会对其心理健康产生重要影响。除运动外，老年人闲暇生活的安排对其心理健康具有显著影响，[①] 这也是比较组老年人在 3 个月后心理健康水平提升的重要因素。

在对实验组老年人实施公共体育服务政策前后心理健康层面各题项的对比分析发现，实验组老年人心理健康层面各题项在实验后的平均值均高于实验前的平均值，说明实验后实验组老年人心理健康各题项的平均水平有所提升。在心理健康层面各题项中平均差异值最大的是第 18 题“您对现在的日常生活满意吗？”平均值差异值为 0.46（=3.92–3.46），平均数差异值检验的 t 值为 16.447，显著性检验概率值 $p < 0.001$，达到显著水平。说明实验后，在心理健康层面老年人对日常生活满意情况的测量值相较其他题项的测量值增长最大，意味着老年人对于日常生活满意情况的改善程度也最大。

在心理健康层面各题项中平均差异值最小的是第 24 题“您觉得自己处于心理不安的状态吗？”平均值差异值为 0.4（=3.75–3.35），平均数差异值检验的 t 值为 15.168，显著性检验概率值 $p < 0.001$，达到显著水平。说明实验后，在心理健康层面老年人对自身心理不安状况的测量值相较其他题项的测量值增长最小，意味着老年人对于自身心理处于不安状态的改善程度最小。

从表 4-25 可知，实验后心理健康层面各题项的测量值均高于实验前的测量值，而且实验组在实验后的心理健康测量值增长率大于比较组测量值的增长率。老年抑郁通常表现在对躯体的关注、情绪低落、认知缺陷、感到受歧视、动机受损、不着眼于未来、缺乏自信等方面。针对性运动服务的提供可促使老年人养成健康的生活方式，形成规律的运动习惯，并通过运动有效改善老年人心理健康方面的问题。如降低焦虑、改善抑郁、降低压力反应、提升正面情绪、提高自尊及改善认知功能等。与比较组老年人不规律、无组织的运动相比，实验组老年人在运动过程中更能获得运动的畅快体验。在实验后，实验组老年人获得了较强的运动满足感、成就感和自信心，对增强老年人主动参与运动的意识有显著帮助，进而促使老年人增加运动的参与度和积极性，形成了通过运动有效改善心理功能的良性互动。

---

① 陶涛，李龙 . 城市老年人闲暇时间安排及对健康的影响 [J]. 人口学刊，2016（3）：58-66.

表 4-25　实验前后老年人心理健康层面各题项差异性分析结果

项目	分组	干预前	干预后	t	p
Q18	比较组	3.47 ± 0.90	3.66 ± 1.07	6.053	< 0.001
	实验组	3.46 ± 0.94	3.92 ± 0.87	16.447	< 0.001
Q19	比较组	3.40 ± 0.93	3.61 ± 1.11	6.807	< 0.001
	实验组	3.40 ± 1.010	3.86 ± 0.94	16.847	< 0.001
Q20	比较组	3.41 ± 0.95	3.58 ± 1.10	5.424	< 0.001
	实验组	3.39 ± 0.97	3.81 ± 0.97	16.449	< 0.001
Q21	比较组	3.45 ± 0.93	3.62 ± 1.09	5.611	< 0.001
	实验组	3.34 ± 0.97	3.78 ± 0.91	15.195	< 0.001
Q22	比较组	3.40 ± 0.93	3.59 ± 1.11	6.150	< 0.001
	实验组	3.36 ± 1.01	3.80 ± 0.97	15.741	< 0.001
Q23	比较组	3.41 ± 0.97	3.60 ± 1.13	6.320	< 0.001
	实验组	3.34 ± 1.00	3.79 ± 0.93	15.274	< 0.001
Q24	比较组	3.36 ± 0.93	3.61 ± 1.10	7.943	< 0.001
	实验组	3.35 ± 1.03	3.75 ± 0.96	15.168	< 0.001
Q25	比较组	3.33 ± 0.93	3.59 ± 1.11	8.008	< 0.001
	实验组	3.37 ± 0.95	3.82 ± 0.94	16.561	< 0.001

（四）实验前后老年人社会健康状况对比分析

1. 老年人社会健康层面对比分析

表 4-26 是实验前后老年人社会健康状况的配对平均数差异的 t 检验结果和 DID 分析结果。从表 4-26 中可知，就比较组老年人社会健康层面而言，老年人在 3 个月后与 3 个月前的平均差异值为 1.47（=25.13–23.66），平均数差异值检验的 t 值为 16.798，显著性检验概率值 $p < 0.001$，达到显著水平。表示比较组老年人 3 个月后的社会健康测量值与 3 个月前的社会健康测量值之间存在显著差异，比较组老年人 3 个月后的社会健康测量值显著高于 3 个月前的社会健康测量值，说明 3 个月后的社会健康水平显著高于 3 个月前的社会健康水平。

就实验组老年人社会健康层面而言，老年人在实验前后的平均差异值为 3.09

（=26.66–23.57），平均数差异值检验的 t 值为 38.153，显著性检验概率值 $p < 0.001$，达到显著水平。表示实验组老年人在实验后的社会健康测量值与实验前的社会健康测量值之间存在显著差异，实验组老年人实验后的社会健康测量值显著高于实验前的社会健康测量值。

通过对实验前后实验组与比较组的双重差异分析可知，在实验前，比较组和实验组老年人的社会健康水平无显著差异，而在实验后，实验组老年人与比较组老年人社会健康的 DID 值为 2.842，并存在 $p < 0.01$ 显著差异。这一数据说明，公共体育服务政策的实施可有效促进老年人社会健康水平的提升。相较于比较组而言，实验组老年人在公共体育服务政策的干预下，社会健康水平的提升程度优于比较组，验证了本研究的假设。

本研究实验组老年人相对比较组老年人更具有社交活动的优势，社交活动中的社会支持因素可有效缩小老年人的心理落差和孤独感，这样促使老年人愿意通过规律的运动来获取更多的社会支持，并提升生活兴趣。有学者研究显示，中高龄老年人通过团体活动增加与同龄老年人、低龄老年人和带动者之间的互动，享受团体生活，让中高龄者在欢乐、交流、挑战的氛围中，减轻生活和疾病压力，达到生理、心理功能的康复和社会认同。[①] 此外，针对性运动服务可视为特定的老年人社交圈层，而这一相对固定的组织，则引发老年人群体圈层效应。因不同文化的影响也会促使老年人在运动群体圈层中形成“意见领袖”和“倾听者”两类明显的角色分类。[②] 老年人运动群体圈层中的“意见领袖”，拥有更高的分享意愿和热情，在参与讨论时更倾向于表达自己的观点，相应的在圈层中处于核心位置。而“倾听者”则呈现出社会交往更为消极被动的状态，缺乏表达表达观点的自信，在圈层中倾向于“多听少说”的状态。而同样在比较组中，老年人也存在社交圈层效应，但是呈现出不稳定性，由此不难看出实验组运动服务的稳定性促使老年人有更稳定的社会圈层，获取社会支持因素也更稳定。而比较组虽然也有自身的社会圈层，但是呈现出不稳定的因素，因此比较组在社会健康层面提升效应显著低于实验组老年人社会健康水平提升，这种情况与其他学者的研究结果一致。

① 陆小香 . 身心功能活化运动对社区和养老机构老年人健康的促进作用 [J]. 中国老年学杂志，2017.

② 钟英文，杨红旗 . 建构与维系：老年人公园聚会的功能研究 [J]. 收藏，2019，1.

表 4-26 实验前后老年人社会健康层面差异性分析结果

项目	分组	实验前	实验后	t	p
社会健康	比较组	23.66 ± 3.37	25.13 ± 3.53	16.798	＜ 0.001
	实验组	23.57 ± 3.60	26.66 ± 3.14	38.153	＜ 0.001
	DID	2.539*** （0.179）			
	Constant	24.12*** （0.0880）			

注：*** 表示在 0.001 水平上的平均差异很显著。

2. 社会健康层面各题项对比分析

表 4-27 是实验前后老年人社会健康层面各题项差异性分析结果，根据表 4-15 可知，在对比较组老年人 3 个月前和 3 个月后社会健康层面各题项的对比分析发现，比较组老年人社会健康层面各问题 3 个月后的平均值均高于 3 个月前的平均值，说明 3 个月后比较组老年人社会健康各项水平有所提升。各问题中平均差异值最大的是第 32 题“您会积极地和朋友对话吗？”平均值差异值为 0.22（=3.6–3.38），平均数差异值检验的 t 值为 7.337，显著性检验概率值 $p < 0.001$，达到显著水平。说明经过 3 个月，在社会健康层面老年人在积极地与朋友对话方面的测量值增长最多，意味着老年人“积极地和朋友对话”相较于 3 个月前呈显著提高水平，在该方面的改善程度最大。

比较组老年人在社会健康层面各问题中平均差异值最小的是第 27 题“您经常和同事、邻居交流吗？”平均值差异值为 0.18（=3.64–3.46），平均数差异值检验的 t 值为 6.065，显著性检验概率值 $p < 0.001$，达到显著水平。说明 3 个月后，在社会健康层面老年人对“与同事和邻居交流”的测量值相较其他问题的增长最少，意味着对于个人与同事或邻居交流的改善程度最小。在受访者中多数老年人为近几年才跟随子女生活，相较之前的居住环境，存在着邻里陌生、联系少的情况。老年人跟随子女生活多数要帮忙看管孙辈，生活的重心也几乎都放在孙辈，以至于与同事或邻里之间的交流相对减少。此外，中国学者王丽岩（2017）等人的研究证明邻里建成环境也是影响老年人与邻里之间交流的重要因素。[①] 这里提到建成环境是指人为建设改造的各种建

① 王丽岩，冯宁，王洪彪，陈梦飞，路超凡，王丽静．中老年人邻里建成环境的感知与体力活动的关系 [J]. 沈阳体育学院学报，2017，36（2）：67-71.

筑物和场所，包括居住地的建筑选址与设计。杨林川（2023）的研究表明，建成环境对老年人出行具有显著影响，并且影响随空间而异。① 而老年人的出行频度高低则可直接反映出与同事或邻里之间交流的频次。对于老年人而言，良好的日常移动性是在社区和城市独立生活的必要条件，也是实现健康老龄化和积极老龄化的重要因素。

在对实验组老年人实施公共体育服务政策前后社会健康层面各题项的对比分析发现，实验组老年人社会健康层面各题项在实验后的平均值均高于实验前的平均值，说明实验后实验组老年人社会健康各问题的平均水平有所提升。在社会健康层面各问题中平均差异值最大的是第 29 题“您经常参加社交聚会吗？”平均值差异值为 0.47（=3.77–3.30），平均数差异值检验的 t 值为 15.158，显著性检验概率值 $p < 0.001$，达到显著水平。说明实验后，在社会健康层面老年人对是否经常参加社交聚会的测量值相较其他问题的测量值增长最大，意味着老年人社交聚会的提升程度最大，说明通过参加社交聚会来提升社会接触的行为有所增加。

实验组老年人在社会健康层面各题项中平均差异值最小的是第 32 题“您会积极地和朋友对话吗？”平均值差异值为 0.41（=3.81–3.40），平均数差异值检验的 t 值为 6.065，显著性检验概率值 $p < 0.001$，达到显著水平。说明在实验后，在社会健康层面老年人对是否积极地和朋友对话的测量值相较其他题项的测量值增长最小，意味着老年人对于积极地和朋友对话这一状态的改善程度最小。

本研究中实验组老年人在运动过程中与其他人接触和交流的机会增多，也促进了人际交往能力的提高，在很大程度上降低了人际关系敏感因子。人际交往的程度越高，社交活动越丰富，对老年人社会健康的提升效果就越好。陈敏辉（2019）的研究也证实了这一观点。② 老年人社会活动参与度的减少，会导致老年人的生活掌控感、社会参与感和幸福感降低，导致其情感交流和情绪释放受阻，老年人积极的社会参与能够提升其认知表现和获得更多的社会支持。研究表明，社会参与越多的老年人心理越健康，参与社会活动能够带来正向的生活和情感体验，并促进社会参与度。③④ 外国学者 Alma M. A.（2012）等人及中国学者于大川（2020）等人通过社会支持对老年人身心

---

① 杨林川，朱庆．建成环境对老年人出行行为影响的空间异质性 [J]. 西南交通大学学报，2023，58（3）.

② 陈敏辉．社交活动对老年人健康的影响——基于城乡差异的视角 [J]. 收藏，2019，29.

③ 于大川，李培祥，李佳．社会支持如何影响老年人的身心健康？——基于 CLHLS 2018 年数据的实证分析 [J]. 老龄科学研究，2020，8（12）：33-47.

④ Alma，M. A.，Van der Mei，S. F.，Groothoff，J. W.，Suurmeijer，T. P.. Determinants of social participation of visually impaired older adults[J]. Quality of Life Research，2012，21：87-97.

健康影响的研究也证实了这一观点。

表 4-27　实验前后老年人社会健康层面各题项差异性分析结果

项目	分组	干预前	干预后	t	p
Q26	比较组	3.43 ± 0.98	3.65 ± 1.13	7.098	< 0.001
	实验组	3.37 ± 0.97	3.81 ± 0.94	16.607	< 0.001
Q27	比较组	3.46 ± 0.92	3.64 ± 1.08	6.065	< 0.001
	实验组	3.33 ± 0.97	3.79 ± 0.92	16.395	< 0.001
Q28	比较组	3.41 ± 0.91	3.59 ± 1.06	6.685	< 0.001
	实验组	3.44 ± 0.96	3.87 ± 0.94	15.515	< 0.001
Q29	比较组	3.34 ± 0.94	3.55 ± 1.06	6.395	< 0.001
	实验组	3.30 ± 1.00	3.77 ± 0.92	15.158	< 0.001
Q30	比较组	3.28 ± 0.93	3.50 ± 1.12	7.313	< 0.001
	实验组	3.29 ± 0.98	3.73 ± 0.92	15.430	< 0.001
Q31	比较组	3.37 ± 0.93	3.59 ± 1.08	6.939	< 0.001
	实验组	3.45 ± 0.92	3.87 ± 0.90	16.552	< 0.001
Q32	比较组	3.38 ± 0.90	3.60 ± 1.03	7.337	< 0.001
	实验组	3.40 ± 0.92	3.81 ± 0.93	15.874	< 0.001

第三节　相关分析

一、公共体育服务各维度之间的内部关系

（一）公共体育服务各维度之间的相关分析

为了探讨实验组老年人公共体育服务各变量之间的内在影响，对公共体育服务各维度做相关分析，表 4-28 总结了公共体育服务各变量之间的关系。由老年人公共体育服务各维度的相关分析结果可知，公共体育服务中人力因素、设施因素、项目运营及

运动的频度和强度四个变量之间均呈显著正相关（$p < 0.001$），相关系数介于 0.461 至 0.536，自变量之间的相关系数没有大于 0.8 者。其中，人力因素与设施因素两个自变量间的相关系数为 0.525，人力因素与项目运营两个自变量间的相关系数为 0.534，人力因素与运动的频度和强度两个自变量间的相关系数为 0.474，设施因素与项目运营两个自变量之间的相关系数为 0.536，设施因素与运动的频度和强度两个自变量间的相关系数为 0.461，项目运营与运动的频度和强度两个自变量间的相关系数为 0.527。公共体育服务四个自变量之间，运动的频度和强度与人力因素、运动的频度和强度与设施因素呈低度相关，其他自变量之间的相关性均为显著中度相关，表示这些预测变量之间可能存在共线性问题。

从相关系数看，本研究中人力因素与设施因素呈中度相关，并具有显著性。在针对性运动服务中，指导者不单单是对项目运营进行设计，以及对运动训练过程中的强度和频度进行把控，还包括在运动前对运动场地的选择，以及在指导过程中对场地进行合理规划与利用。目前吉安市虽然大量兴建体育场馆，但依然存在居民健身场所匮乏的现实难题。这种供需矛盾主要体现在体育场馆的供给与居民的需求不匹配，以及政府热衷于对大型体育场馆的建设，却忽略对于能满足人民健身需求的中小型场馆的建设。长期以来，体育场馆供给的结构、数量、层次等都是由政府统一规定，场馆的供给方式主要是“自上而下”，一般都是政府提供什么居民就使用什么，这种单方面供给方式常常容易忽略广大群众对健身场馆的实际需求。体育场地设施是社区老年人开展健身运动的物质基础，运动场地的使用方便程度及运动设施的便利性势必会影响人力因素的发挥。由此也可看出，人力因素越强，对场地设施的利用效果越好，而场地设施的便利性也对人力因素的发挥有促进作用。

本研究中人力因素与项目运营呈中度相关，而且存在显著性。在针对性运动服务中，指导者需要根据老年人的体质健康状况定制个性化的运动项目，并在老年人参加运动的过程中加以指导，这就涉及运动项目的趣味性和动作的难易程度等，而这些内容又可以非常有效的反映指导者的能力水平。在本次调查中，有 9.26% 的老年人认为人力因素水平不高，造成这一结果的原因是，老年人在接受运动服务之前并未接受过专业的运动指导，而是通过与其他老年人交流获取运动知识和技能，并且养成了固有的运动习惯，甚至是错误的运动习惯。指导者在对老年人进行运动项目指导时，会纠正老年人的错误，但仍有部分老年人认为之前的动作习惯更舒服，不愿意改正或改正困难。对于接受能力强的老年人来讲，错误动作的改成帮助他们提升了运动效果，从而提升了自信，于是更认可指导者的能力。而对于“动作纠正困难”群体的老年人来讲，运动效果没有改善，甚至出现下降的情况，对于此类情况，老年人则归咎为指导者没有用心指导。由此，人力因素水平越高，对运动项目的指导能力也越好，运动项目的设计越合理，指导者也能发挥更好的指导水平与作用。

本研究中，人力因素和运动的频度和强度呈低度相关，并均有显著性。通常，指导者在提供针对性运动服务时，需要把控运动的节奏，帮助老年人保持中等强度的运动。在本次调查中，9.46%的老年人认为针对性运动服务的运动频度和强度较大或过大，而运动的频度和强度主要依靠老年人的主观感受来评价。因为老年人的体质状况和身体机能存在差异，并且在以往的运动过程中，老年人存在运动不规律、持续性不佳的情况，运动内容较为随性，这也导致老年人在接受针对性运动服务过程中对于运动的频度和强度的主观感受不同。在对老年人的运动监测过程中，发现老年人在刚接受针对性运动服务时，相较以往的运动需要更大的毅力坚持运动。多数老年人表示，指导者对于运动的频度和强度的安排更为紧凑，间歇时间更短，在老年人适应该强度和频度后，指导者会根据情况对运动的频度和强度进行调整。由此，人力因素水平越高，对运动的频度和强度的设计能力越好。而适宜的运动频度和强度会促使老年人运动完成质量更高，同时也能帮助指导者发挥更佳的指导水平。

本研究中，设施因素与项目运营两个变量之间存在显著中度相关。可以预测的是，设施因素越好，运动项目的实施也越好。近年来，我国颁布的多项体育政策文件中指出，要满足人们日益增长的多元化体育需求，这也是公共体育服务供给的重要内容。但是目前多数体育场馆的主要经营对象是收入较高的中青年，针对少年儿童进行的各类体育培训也开展得如火如荼，在各地体育场馆很少有专门为老年人提供的运动器材和设施，这意味着体育场馆针对老年群体开放的情况少之又少。随着人们经济水平和生活水平的不断提高，老年人的寿命会逐渐延长，老年群体对于运动的需求也日益增加。虽然也有不少体育场馆面向老年群体开放，但在体育场馆内并没有适合老年人的运动项目，老年人面对体育场馆的开放表示心有余而力不足。由此也可看出，政府购买的公共体育服务产品与现今老年群体的需求严重脱节，无法满足现代社会老年群众的实际需求。我国学者吴敏（2022）的研究也指出，在修建体育场馆之前，大多数政府部门都不会向社会大众征求相关建议，在实际修建场地设施时会出现偏差，从而导致建成的体育场地设施由于功能缺失和无效供给无法满足实际需求。[①] 由此可

① 吴敏．多元治理背景下我国体育场地管理困境和破解路径 [J]. 体育科学，2022（504）：103-105.

知，运动设施越接近社区老年人，运动设施的使用越便利，越能促使运动项目的实施水平。

此外，老年人参加体育锻炼的频率主要受社会资源（包括组织和场地等因素）的影响。这说明老年人社区体育参与运动量的减少可能不是其自主选择的结果，而是在设施因素不足的情况下做出的无奈之举。说明，设施因素的充足、便利也有助于指导者在运动项目设计中安排合理的运动频度和强度，并能促使老年人按时按量完成运动。

本研究中，项目运营和运动的频度和强度两个变量之间呈显著中度相关。通常，针对项目运营中运动项目的设计和安排与运动的频度和强度关系紧密。一般在运动项目的设计中，运动训练的动作难易程度及训练持续时间所产生的运动负荷，都会对受访者产生非常明显的运动频度和强度的反应。老年人在接受针对性运动服务时，对运动项目的安排越满意，运动项目的完成情况越好，说明运动频度和强度的安排越适宜。反之亦然，运动的频度和强度越适宜，老年人完成运动项目的水平也越高。

综上，公共体育服务中人力因素、设施因素、项目运营和运动的频度和强度之间存在密切关系。高水平的人力因素可对设施因素、项目运营和运动的频度和强度产生积极影响；设施因素程度越高，对人力因素、项目运营和运动的频度和强度的影响也越好，并能有效提高老年人参与健身运动的意愿，进而改善老年人的体质健康水平。

表 4-28　实验组老年人公共体育服务各维度相关分析

变量	相关性	人力因素	设施因素	项目运营	运动的强度和频度
设施因素	r	0.525**	1		
	p	0.000			
项目运营	r	0.534**	0.536**	1	
	p	0.000	0.000		
运动的频度和强度	r	0.474**	0.461**	0.527**	1
	p	0.000	0.000	0.000	

注：** 表示在 0.01 水平（双侧）上显著相关。

（二）公共体育服务自变量各题项之间的相关分析

表 4-29 是对实验组老年人公共体育服务各题项之间的内部关系的检验。Q7、Q8、Q9、Q10、Q11 五个题项是人力因素维度的变量；Q12、Q13、Q14、Q15、Q16、Q17 六个题项是设施因素维度的变量；Q18、Q19、Q20、Q21、Q22、Q23 六个题项是项目运营维度的变量；Q24、Q25、Q26、Q27 四个题项是运动的频度和强度维度的变量。从公共体育服务自变量各题项的相关分析可知，少数几个变量之间的关系无统计学意义。具体如下：Q10“指导者为我提供充足的运动服务”与 Q11“指导者提供有助于我健康的运动服务”之间的关系无统计学意义；Q8“指导者在提供服务时与我进行充分的沟通”与 Q16“运动设施离我家很近，走动方便”之间的关系无统计学意义；Q15“运动设施有各种便利的附属设施”与 Q18“运动项目忠实地反映了我想要的内容”之间的关系无统计学意义；Q10“指导者为我提供充足的运动服务”与 Q26“1 周要参加的运动次数对我没有负担”之间的关系无统计学意义；Q17“为来参加运动，提供相应的交通服务”与 Q26“1 周要参加的运动次数对我没有负担”之间的关系无统计学意义；Q18“运动项目忠实地反映了我想要的内容”与 Q20“运动项目设计得丰富多彩，不会让人感到无聊”之间的关系无统计学意义；Q18“运动项目忠实地反映了我想要的内容”与 Q23“与别人一起参加运动项目，可以愉快地完成”之间的关系无统计学意义。而公共体育服务自变量其他各题项之间的关系均为低度正（+）相关，而且具有统计学意义（$p < 0.01$ 或 $p < 0.05$）。

表 4-29　实验组老年人公共体育服务各因素相关分析

变量	Q7	Q8	Q9	Q10	Q11	Q12	Q13	Q14	Q15	Q16	Q17	Q18	Q19	Q20	Q21	Q22	Q23	Q24	Q25	Q26
Q8	0.234**																			
Q9	0.232**	0.183**																		
Q10	0.116**	0.176**	0.128**																	
Q11	0.154**	0.151**	0.165**	0.081																
Q12	0.125**	0.192**	0.111*	0.165**	0.222**															
Q13	0.168**	0.172**	0.195**	0.151**	0.224**	0.144**														
Q14	0.160**	0.199**	0.128**	0.153**	0.141**	0.225**	0.139**													
Q15	0.112*	0.202**	0.162**	0.236**	0.175**	0.191**	0.239**	0.097*												
Q16	0.170**	0.066**	0.218**	0.107*	0.114*	0.118**	0.180**	0.096*	0.134**											
Q17	0.150**	0.164**	0.188**	0.198**	0.151**	0.134**	0.200**	0.064	0.181**	0.193**										
Q18	0.152**	0.111*	0.122**	0.124**	0.217**	0.169**	0.160**	0.153**	0.087	0.084	0.130**									
Q19	0.236**	0.144**	0.134**	0.096*	0.141**	0.112*	0.166**	0.145**	0.134**	0.141**	0.185**	0.129**								
Q20	0.155**	0.203**	0.154**	0.107*	0.156**	0.155**	0.176**	0.179**	0.148**	0.173**	0.196**	0.074	0.090							
Q21	0.193**	0.132**	0.206**	0.240**	0.186**	0.181**	0.132**	0.173**	0.207**	0.117**	0.166**	0.161**	0.235**	0.124**						
Q22	0.175**	0.160**	0.176**	0.168**	0.145**	0.125**	0.158**	0.151**	0.126**	0.126**	0.100*	0.118**	0.104*	0.144**	0.178**					
Q23	0.137**	0.178**	0.230**	0.176**	0.131**	0.184**	0.190**	0.193**	0.260**	0.118**	0.163**	0.086	0.119**	0.165**	0.191**	0.143**				
Q24	0.162**	0.137**	0.199**	0.141**	0.201**	0.173**	0.177**	0.161**	0.147**	0.108*	0.215**	0.161**	0.124**	0.159**	0.277**	0.110*	0.181**			
Q25	0.149**	0.239**	0.254**	0.128**	0.187**	0.273**	0.233**	0.101*	0.193**	0.117**	0.176**	0.182**	0.162**	0.207**	0.207**	0.212**	0.148**	0.192**		
Q26	0.181**	0.176**	0.124**	0.050	0.207**	0.155**	0.141**	0.155**	0.142**	0.105*	0.082	0.197**	0.118**	0.150**	0.243**	0.112*	0.112*	0.117**	0.254**	
Q27	0.122**	0.140**	0.207**	0.120**	0.226**	0.105*	0.159**	0.104*	0.211**	0.116**	0.144**	0.167**	0.222**	0.238**	0.199**	0.117**	0.117**	0.106*	0.181**	0.184**

注：** 表示在 0.01 水平（双侧）上显著相关。

二、老年人自诊健康各维度之间的内部关系

（一）老年人健康因变量各维度之间的相关分析

为了探讨实验组老年人自评健康各变量之间的内在影响，对自评健康各维度做相关分析，表 4-30 总结了实验组老年人健康各变量之间的关系。由老年人自评健康各维度的相关分析结果可知，自评健康中身体健康、心理健康、社会健康三个变量之间均呈显著正相关（$p < 0.001$），相关系数介于 0.417 至 0.484，因变量之间的相关系数没有大于 0.8 者。其中，身体健康与心理健康两个因变量之间的相关系数为 0.484，身体健康与社会健康两个因变量之间的相关系数为 0.439，心理健康与社会健康两个因变量之间的相关系数为 0.417。老年人自评健康三个因变量之间身体健康、心理健康、社会健康呈低度相关，表示这些预测变量之间可能存在共线性问题。

从相关系数看，身体健康与心理健康呈显著低度相关，并不代表实验组老年人身体健康对心理健康的影响不大。产生这一结果的原因，可能是在采样中实验组老年人身体健康水平虽然相较公共体育服务政策实施前有显著提升，但是身体健康仍处于中等偏上水平，心理健康水平也是如此。随着年龄的增长，会导致老年人的记忆力、行动力等多种身体机能下降，因此非常容易造成老年人在精神上产生落差感，并且难以满足心理层面的需求。老年人的躯体症状、日常生活功能和身体机能较好，可以有效缓解老年人产生身体失能、失眠、慢性病等身体机能衰退现象的产生，也会降低老年人出现自卑、抑郁等心理问题。因此，老年人的身体健康可有效作用于心理健康，老年人身体健康，也会积极的影响老年人的心理健康水平。反之亦然，老年人心理越健康，越能促使老年人维持健康的生活方式，并以此促进身体健康水平的提升。相关研究发现，老年人身体虚弱，身体机能不佳，会增加其患抑郁症的概率，严重者患病率会增加四倍之多。[①] 李建新（2015）的研究表明，老年人日常活动能力评分年提高 1 分，老年人报告自己心理健康水平提升比例增加 62%。[②] 这也说明，日常活动能力的提高代表身体健康水平的提高，身体健康状况的改善能够有效提高心理健康水平和生活满意度。由此，我们可以判断身体健康状况是影响老年人心理健康的重要因素之一，但其中可能还存在着复杂的影响机制。

---

① Soysal，P.，Veronese，N.，Thompson，T.，Kahl，K. G.，Fernandes，B. S.，Prina，A. M.，... Stubbs，B. Relationship between depression and frailty in older adults：a systematic review and meta-analysis[J]. Ageing research reviews，2017，36：78-87.

② 李建新，刘保中 . 健康变化对中国老年人自评生活质量的影响 [J]. 人口与经济，2015（6）.

本研究中，老年人自诊健康包含的社会健康维度主要考察老年人社会角色和社会接触与支持等方面。社会接触与支持主要是来自社会各方面，包括家庭、亲属、朋友、同事、单位等组织给予老年人精神和物质上的帮助或支援。众所周知，老年人身体功能障碍会对其日常生活产生严重的负面影响，如造成老年人出行困难和降低社交活动频率，从而大大地降低老年人的社会参与感，导致日常社交活动中情感交流的缺失和情绪释放受阻等情况的产生，甚至产生心理健康问题。日常活动能力较好的老年人参与社会活动的积极性更高。与日常活动能力较差的老年人相比，日常活动能力高的老年人社会参与比例也更高。这也说明在同一调查时期，老年人身体健康状况越好，参与社交活动的频率越高，获取的社会接触与支持越多，同时也会促使老年人有效地提升社会健康水平，对于维护老年人的身体健康水平也能起到积极作用。因此，老年人的身体健康可有效作用于社会健康，老年人身体越健康，越会积极影响老年人的社会健康水平。同样，老年人社会健康水平越高，越能促使老年人积极地参加社交活动，努力改善社会角色，而社交活动的提升也能帮助老年人维持或提升身体健康水平。我国学者的研究也证实了良好的社会支持有利于身体健康，而劣性社会关系的存在会损害身体健康。①

我国在人口老龄化进程中，由于家庭结构核心化不断发展，使传统的家庭养老功能不断被弱化。老年人成为社会接触和支持的弱势群体，这就需要他们扩大社会网络及社会支持系统。良好的社会接触与支持有利于心理健康，一方面，社会接触与支持是心理刺激的缓冲因素，可对老年人应激状态下的心理健康产生间接的保护作用；另一方面，量化的社会接触与支持可以维持良好的情绪体验，从而有益于舒缓老年人心理健康。社会接触与支持可分为两类，一类是客观的、可见的或实际的支持，包括物质上的直接援助和社会网络、团体关系的参与。另一类是老年人主观的体验或情感上的支持，也就是老年人在社会中被尊重、被支持、被理解的体验。此外，本研究中的社会接触与支持还包括老年人对支持的利用情况，即老年人在遇到生活事件或工作困难时能够调动社会网络，获得他人的支持和帮助。这种对于老年人的帮助或支援能很好地反映老年人与社会联系的密切程度及质量，可帮助老年人缓冲应急压力，维护良好的情绪体验，进而改善其心理健康水平。老年人积极的社会参与能够提升其认知表现和获得更多的社会支持，进而提高老年人心理健康水平。社会健康水平越高的老年

① 陆杰华，李月，郑冰．中国大陆老年人社会参与和自评健康相互影响关系的实证分析——基于 CLHLS 数据的检验 [J]. 人口研究，2017，41（1）：15.

人，心理越健康，反之则越低。同样，心理健康水平的降低会抑制社会参与活动的产生，从而降低社会健康水平。杜旻（2017）的研究表明，社会参与度高的老年人比未进行任何社会参与的老年人的抑郁风险更低。[①] 王奎（2021）等人的研究也指出，老年人积极参与社会活动能够带来正向的生活和情感体验，可有效缓解焦虑情绪，并提升主观幸福感和心理健康水平。[②]

综上，老年人自诊健康中身体健康、心理健康和社会健康之间存在密切关系。高水平的身体健康可对心理健康和社会健康产生积极影响，高水平的社会健康也可有效促进身体健康和心理健康，并改善老年人的整体健康水平，提升老年人的生活质量。

表 4-30　实验组老年人健康各维度相关分析

变量	相关性	身体健康	心理健康	社会健康
心理健康	r	0.484**	1	
	p	0.000		
社会健康	r	0.439**	0.417**	1
	p	0.000	0.000	

注：** 表示在 0.01 水平（双侧）上显著相关。

（二）老年人健康因变量各题项之间的相关分析

表 4-31 是对实验组老年人自诊健康各题项间的内部关系的检验。Q28、Q29、Q30、Q31、Q32、Q33、Q34、Q35、Q36、Q37 十个问题是身体健康维度的变量；Q38、Q39、Q40、Q41、Q42、Q43、Q44、Q45 八个问题是心理健康维度的变量；Q46、Q47、Q48、Q49、Q50、Q51、Q52 七个题项是社会健康维度的变量。从实验组老年人自诊健康因变量各问题的相关分析可知，其中 220 组因变量间的关系为低度正（+）相关，而且具有统计学意义。其余 79 组变量间的关系无统计学意义。

① 杜旻 . 社会支持对老年人心理健康的影响研究 [J]. 人口与社会，2017，33（4）：12-19.

② 王奎，李启明 . 子女代际支持与老年人心理健康的关系：自我老化态度和社会活动参与的中介作用 [J]. 西南交通大学学报（社会科学版），2021，22（3）：82-92.

表 4-31　实验组老年人健康各题项相关分析

变量	Q28	Q29	Q30	Q31	Q32	Q33	Q34	Q35	Q36	Q37	Q38	Q39	Q40	Q41	Q42	Q43	Q44	Q45	Q46	Q47	Q48	Q49	Q50	Q51
Q29	0.156**																							
Q30	0.242**	0.156**																						
Q31	0.136**	0.069	0.139**																					
Q32	0.176**	0.132**	0.142**	0.004*																				
Q33	0.209**	0.183**	0.225**	0.189**	0.260**																			
Q34	0.113*	0.076	0.151**	0.145**	0.170**	0.191**																		
Q35	0.120**	0.098*	0.208**	0.090*	0.152**	0.214**	0.147**																	
Q36	0.122**	0.160**	0.174**	0.072	0.229**	0.179**	0.164**	0.180**																
Q37	0.121**	0.145**	0.122**	0.203*	0.160**	0.184**	0.199**	0.134**	0.091*															
Q38	0.141**	0.124**	0.157**	0.127**	0.086	0.188**	0.237**	0.074	0.112*	0.156**														
Q39	0.127**	0.169**	0.98*	0.088	0.069	0.091*	0.122**	138**	0.085	0.280**	0.134**													
Q40	0.167**	0.102*	0.064	0.087	0.156**	0.088*	0.135**	0.078	0.055	0.158**	0.158**	0.213**												
Q41	0.086	0.006	0.120**	0.025	0.074	0.109*	0.120**	0.069	0.046	0.165**	0.155**	0.142**	0.094*											
Q42	0.134**	0.147**	0.123**	0.075	0.114*	0.128**	0.169**	0.138**	0.085	0.142**	0.138**	0.176**	0.183**	-0.023										
Q43	0.099*	0.077	0.109*	0.105*	0.096*	0.091*	0.088	0.089*	0.140**	0.090*	0.03	0.118**	0.093*	0.072	0.241**									
Q44	0.142**	0.095*	0.155**	0.107*	0.131**	0.178**	0.197**	0.197**	0.122**	0.159**	0.100*	0.254**	0.156**	0.135**	0.182**	0.241**								
Q45	0.118**	0.174**	0.102*	0.017	0.131**	0.117**	0.083	0.184**	0.97*	0.114*	0.121**	0.157**	0.119**	0.075	0.143**	0.202**	0.199**							
Q46	0.095*	0.04	0.92*	0.104*	0.141**	0.058	0.144**	0.058	0.062	0.07	0.149**	0.118**	0.068	0.143**	0.112*	0.037	0.119**	0.105*						
Q47	0.08	0.072	0.043	0.133**	0.116**	0.132**	0.07	0.134**	0.084	0.065	0.106*	0.101*	0.126**	-0.03	0.123**	0.148**	0.119**	0.150**	0.135**					
Q48	0.083	-0.06	0.075	0.113*	0.086*	0.091*	0.066	0.044	0.075	0.084	0.089*	0.041	0.102*	0.102*	0.149**	0.111*	0.024	0.104*	0.083	0.141*				
Q49	0.121**	0.045	0.148**	0.077	0.089*	0.115**	0.159**	0.133**	0.098*	0.077	0.119**	0.064	0.041	0.043	0.159**	0.068	0.121**	0.06	0.022	0.125**	0.138**			
Q50	0.154**	0.135**	0.154**	0.058	0.130**	0.114**	0.118**	0.112*	0.148**	0.94*	0.07	0.062	0.062	0.141**	0.009	0.07	0.126**	0.089*	0.102*	0.138**	0.005	0.110*		
Q51	0.099*	0.128**	0.150**	0.124**	0.044	0.196**	0.177**	0.143**	0.129*	0.214**	0.148**	0.180**	0.132**	0.123**	0.102*	0.081	0.172**	0.115*	0.122**	0.168**	0.047	0.078	0.148**	
Q52	0.173**	0.122**	0.123**	0.06	0.124**	0.168**	0.114*	0.097*	0.058	0.130**	0.151**	0.076	0.078	0.133**	0.059	0.107*	0.153**	0.146**	0.06	0.08	0.154**	0.141**	0.160**	0.128**

注：** 表示在 0.01 水平（双侧）上显著相关。

三、公共体育服务与老年人自诊健康的关系

（一）公共体育服务与老年人自诊健康的相关分析

根据研究需要，为了更好地探讨公共体育服务与老年人自诊健康的关系，将公共体育服务与自诊健康做相关分析，表 4-32 总结了公共体育服务与老年人自诊健康的相关分析结果。

从表 4-32 可知，人力因素与老年人的身体健康（*r*=0.498**）、心理健康（*r*=0.492**）及社会健康（*r*=0.438**）呈显著低度相关。但从相关系数来看，人力因素与身体健康之间的系数最高，说明对于实验组老年人而言，他们认为人力因素对身体健康方面的影响或改善效果最佳。

设施因素与老年人身体健康（*r*=0.544**）呈显著中度相关，而且具有显著性；设施因素与心理健康（*r*=0.49**）和社会健康（*r*=0.452**）之间均呈显著低度相关。说明设施因素对老年人身体健康的影响作用比对心理健康和社会健康的影响作用更大。

项目运营与身体健康（*r*=0.573**）、运动项目与心理健康（*r*=0.516**）均呈显著中度相关。运动项目与社会健康（*r*=0.448**）呈显著低度相关。这一数据说明，对于老年人而言，他们认为运动项目设计的丰富性与趣味性对自身身体健康的影响最大，对社会健康的影响最小。

运动的频度和强度与身体健康（*r*=0.521**）之间呈显著中度相关，运动的频度和强度与心理健康（*r*=0.417**）以及运动的频度和强度与社会健康（*r*=0.370**）之间均呈显著低度相关。说明，对于老年人而言，运动的强度与频度对老年人的身体健康正向影响最大，对社会健康的影响最小。

从公共体育服务各自变量之间与老年人自诊健康各因变量间的相关系数可知，公共体育服务对老年人各项健康水平均有显著的积极影响，说明公共体育服务的实施对促进老年人健康有积极的影响。从调查结果可知，首先，公共体育服务对促进老年人身体健康的效果最明显；其次，它对提高老年人心理健康也具有良好的促进作用；最后，公共体育服务对提高老年人社会健康也具有明显的作用，但比促进老年人身体健康和心理健康方面的效果更弱一些。

随着年龄的增长，尤其是 70 岁以上老年人身体机能逐渐下降，使得其日常生活能力与行为能力受到影响。在当今积极老龄化社会中，老年人获得健康养生知识的方式不断增多，他们不仅在日常生活习惯上注重养生，而且越来越多的老年人意识到积极参与运动是利于身体健康、调节心理健康、提高生活质量及延长寿命的良好途径。

运动作为老年人强健体魄、延缓衰老、延长寿命的重要手段，也已经形成了良好的社会氛围。笔者在调查过程中了解到，那些没有规律性运动习惯的老年人，是由于感觉自身身体状况不允许参与运动或不知道该如何运动，因而参与运动的意识和行为均有所下降。[①]

身体健康状况良好的老年人具有更强的运动动机，对增进自身健康和提高生活质量也具有更强的意识。为老年人提供针对性的运动服务，有效地指导老年人参与运动，也是老年人实施健康促进的一种重要手段。陆小香（2017）的研究表明，运动对老年人睡眠质量具有显著的改善作用，同时可显著降低老年人的抑郁程度，对老年人心理及情绪状态的调节均有显著效果。[②]本研究表明，运动与健康之间有较紧密的关系，运动能够增强体质，让老年人更加热爱生活，积极面对生活中各方面的问题，减轻身体机能下降带来的失能和半失能情况的出现。同时运动亦可以减轻老年人常见的心理问题，如孤独、抑郁、不安等。老年人在运动参与过程中可获得成就感、尊重、社会支持与认可，以及自我价值的实现，良好的运动能力和功能使得老年人更积极地参与社会活动、创造价值，可有效促进成功老龄化和幸福老龄化的实现。

表 4-32　公共体育服务与老年人健康的相关分析

变量	相关性	身体健康	心理健康	社会健康
人力因素	r	0.498	0.492	0.438
	p	< 0.001	< 0.001	< 0.001
设施因素	r	0.544	0.490	0.452
	p	< 0.001	< 0.001	< 0.001
项目运营	r	0.573	0.516	0.448
	p	< 0.001	< 0.001	< 0.001
运动的频度和强度	r	0.521	0.417	0.370
	p	< 0.001	< 0.001	< 0.001

注：** 表示在 0.01 水平（双侧）上显著相关。

---

① 根据比较组老年人访谈记录整理。

② 陆小香．身心功能活化运动对社区和养老机构老年人健康的促进作用 [J]. 中国老年学杂志，2017，12（37）：5956-5959.

（二）公共体育服务与老年人自诊健康各题项的相关分析

1. 公共体育服务自变量与老年人身体健康子变量相关分析

表 4-33 是公共体育服务自变量各题项与老年人身体健康各题项之间关系的检验，研究结果显示，在人力因素自变量与身体健康关系中，Q7 与 Q36 之间的关系无统计学意义上的显著性，Q8 与 Q35 之间的关系无统计学意义上的显著性，Q9 与 Q35 之间的关系无统计学意义上的显著性，Q11 与 Q28 之间的关系无统计学意义上的显著性。其他自变量各题项与因变量身体健康各题项之间均呈显著低度正（+）相关关系（$p < 0.05$ 或 $p < 0.01$）。

在设施因素各题项与老年人身体健康各题项关系上，Q13 与 Q28 之间的关系无统计学意义上的显著性；Q16 与 Q34 之间的关系无统计学意义上的显著性；Q16 与 Q35 之间的关系无统计学意义上的显著性；Q17 与 Q36 之间的关系无统计学意义上的显著性。其他自变量各题项与因变量身体健康各题项之间均为显著低度正（+）相关关系（$p < 0.05$ 或 $p < 0.01$）。

在项目运营各题项与老年人身体健康各题项关系上，Q22 与 Q29 之间的关系不具有显著性；Q22 与 Q34 之间的关系不具有显著性；Q22 与 Q35 之间的关系不具有显著性；Q23 与 Q37 之间的关系不具有显著性。其他自变量各题项与因变量身体健康各题项之间均为显著低度正（+）相关关系（$p < 0.05$ 或 $p < 0.01$）。

在运动的频度和强度各题项与老年人身体健康各题项关系上，Q26 与 Q36 之间的关系不存在统计学意义上的显著性；Q27 与 Q35 之间的关系不存在统计学意义上的显著性。其他自变量各题项与因变量身体健康各题项之间均为显著低度正（+）相关关系（$p < 0.05$ 或 $p < 0.01$）。

表 4-33　公共体育服务与老年人身体健康子变量的相关分析

变量	相关性	Q28	Q29	Q30	Q31	Q32	Q33	Q34	Q35	Q36	Q37
Q7	*r*	0.106*	0.117**	0.184**	0.210**	0.151**	0.174**	0.177**	0.183**	0.058	0.243**
	p	0.018	0.009	0.000	0.000	0.001	0.000	0.000	0.000	0.198	0.000
Q8	*r*	0.112*	0.149**	0.115*	0.100*	0.176**	0.208**	0.185**	0.07	0.179**	0.127**
	p	0.013	0.001	0.01	0.026	0.000	0.000	0.000	0.119	0.000	0.004
Q9	*r*	0.139**	0.173**	0.204**	0.185**	0.213**	0.116**	0.116**	0.074	0.098*	0.091*
	p	0.002	0.000	0.000	0.000	0.000	0.009	0.009	0.098	0.029	0.043

（续表）

变量	相关性	Q28	Q29	Q30	Q31	Q32	Q33	Q34	Q35	Q36	Q37
Q10	*r*	0.214**	0.096*	0.120**	0.160**	0.147**	0.141**	0.103*	0.140**	0.144**	0.108*
	p	0.000	0.032	0.007	0.000	0.001	0.002	0.022	0.002	0.001	0.016
Q11	*r*	0.071	0.124**	0.136**	0.096*	0.157**	0.142**	0.108*	0.138**	0.058	0.176**
	p	0.114	0.006	0.002	0.033	0.000	0.001	0.016	0.002	0.194	0.000
Q12	*r*	0.126**	0.112*	0.184**	0.129**	0.191**	0.217**	0.151**	0.105*	0.156**	0.109*
	p	0.005	0.013	0.000	0.004	0.000	0.000	0.001	0.019	0.000	0.015
Q13	*r*	0.083	0.147**	0.160**	0.120**	0.120**	0.198**	0.120**	0.173**	0.147**	0.095*
	p	0.063	0.001	0.000	0.007	0.008	0.000	0.007	0.000	0.001	0.034
Q14	*r*	0.180**	0.118**	0.126**	0.119**	0.167**	0.199**	0.118**	0.184**	0.159**	0.195**
	p	0.000	0.008	0.005	0.008	0.000	0.000	0.009	0.000	0.000	0.000
Q15	*r*	0.228**	0.107*	0.164**	0.187**	0.108*	0.233**	0.179**	0.089*	0.193**	0.152**
	p	0.000	0.017	0.000	0.000	0.016	0.000	0.000	0.049	0.000	0.001
Q16	*r*	0.176**	0.114*	0.143**	0.192**	0.173**	0.158**	0.072	0.063	0.127**	0.123**
	p	0.000	0.011	0.001	0.000	0.000	0.000	0.109	0.159	0.005	0.006
Q17	*r*	0.129**	0.188**	0.135**	0.131**	0.137**	0.089*	0.124**	0.181**	0.077	0.127**
	p	0.004	0.000	0.003	0.003	0.002	0.046	0.006	0.000	0.088	0.005
Q18	*r*	0.145**	0.114*	0.136**	0.149**	0.127**	0.072	0.147**	0.160**	0.038	0.143**
	p	0.001	0.011	0.002	0.001	0.005	0.108	0.001	0.000	0.393	0.001
Q19	*r*	0.190**	0.195**	0.183**	0.115*	0.146**	0.166**	0.111*	0.125**	0.163**	0.196**
	p	0.000	0.000	0.000	0.01	0.001	0.000	0.014	0.005	0.000	0.000
Q20	*r*	0.105*	0.135**	0.144**	0.088	0.153**	0.207**	0.145**	0.176**	0.122**	0.161**
	p	0.02	0.003	0.001	0.051	0.001	0.000	0.001	0.000	0.007	0.000
Q21	*r*	0.173**	0.152**	0.193**	0.183**	0.128**	0.175**	0.213**	0.241**	0.205**	0.228**
	p	0.000	0.001	0.000	0.000	0.004	0.000	0.000	0.000	0.000	0.000
Q22	*r*	0.123**	0.073	0.167**	0.170**	0.139**	0.180**	0.063	0.082	0.112*	0.172**
	p	0.006	0.103	0.000	0.000	0.002	0.000	0.16	0.068	0.013	0.000
Q23	*r*	0.198**	0.150**	0.154**	0.144**	0.173**	0.165**	0.145**	0.116**	0.182**	0.076
	p	0.000	0.001	0.001	0.001	0.000	0.000	0.001	0.01	0.000	0.092
Q24	*r*	0.125**	0.160**	0.135**	0.188**	0.152**	0.163**	0.143**	0.113*	0.136**	0.188**
	p	0.005	0.000	0.003	0.000	0.001	0.000	0.001	0.012	0.002	0.000

（续表）

变量	相关性	Q28	Q29	Q30	Q31	Q32	Q33	Q34	Q35	Q36	Q37
Q25	r	0.213**	0.231**	0.219**	0.156**	0.116**	0.184**	0.128**	0.179**	0.155**	0.116**
	p	0.000	0.000	0.000	0.000	0.01	0.000	0.004	0.000	0.001	0.01
Q26	r	0.125**	0.162**	0.190**	0.177**	0.150**	0.138**	0.225**	0.210**	0.067	0.157**
	p	0.005	0.000	0.000	0.000	0.001	0.002	0.000	0.000	0.133	0.000
Q27	r	0.122**	0.158**	0.151**	0.162**	0.202**	0.219**	0.155**	0.065	0.175**	0.098*
	p	0.006	0.000	0.001	0.000	0.000	0.000	0.001	0.151	0.000	0.03

注：* 表示在 0.05 水平（双侧）上显著相关，** 表示在 0.01 水平（双侧）上显著相关。

2. 公共体育服务自变量与老年人心理健康子变量相关分析

表 4-34 是公共体育服务自变量各题项与老年人心理健康各题项之间关系的检验，研究结果显示，在人力因素自变量各题项与心理健康关系中，Q8 与 Q41 之间的关系不存在统计学意义上的显著性；Q10 与 Q38 之间、Q10 与 Q40 之间以及 Q10 与 Q41 之间的关系均不存在统计学意义上的显著性；Q11 与 Q43 之间的关系不具有统计学意义上的显著性。其他自变量各题项与因变量心理健康各题项之间均为显著低度正（+）相关关系（$p < 0.05$ 或 $p < 0.01$）。

在设施因素自变量各题项与心理健康关系中，Q16 与 Q40 之间的关系不存在统计学意义上的显著性；Q16 与 Q41 之间的关系不存在统计学意义上的显著性；Q16 与 Q45 之间的关系不存在统计学意义上的显著性；Q17 与 Q42 之间的关系不存在统计学意义上的显著性；Q17 与 Q43 之间的关系不存在统计学意义上的显著性。其他自变量各题项与因变量心理健康各题项之间均为显著低度正（+）相关关系（$p < 0.05$ 或 $p < 0.01$）。

项目运营自变量各题项与心理健康各题项关系中，Q18 与 Q38 之间的关系不具有显著性；Q20 与 Q40 之间的关系无显著性；Q22 与 Q40 之间的关系无显著性；Q22 与 Q41 之间的关系无显著性；Q23 与 Q39 之间的关系无显著性；Q23 与 Q41 之间的关系无显著性。而项目运营其他题项与因变量心理健康各题项之间均为显著低度正（+）相关关系（$p < 0.05$ 或 $p < 0.01$）。

运动的频度和强度自变量各题项与心理健康各题项关系中，Q24 与 Q38 之间的关系无统计学意义上的显著性；Q24 与 Q43 之间的关系无统计学意义上的显著性；Q26 与 Q40 之间的关系无统计学意义上的显著性；Q26 与 Q43 之间的关系无统计学意义上的显著性。而运动的频度和强度其他题项与心理健康各题项之间均呈显著低度正（+）相关关系（$p < 0.05$ 或 $p < 0.01$）。

表 4-34 公共体育服务与老年人心理健康子变量的相关分析

变量	相关性	Q38	Q39	Q40	Q41	Q42	Q43	Q44	Q45
Q7	*r*	0.167**	0.225**	0.198**	0.093*	0.256**	0.131**	0.190**	0.127**
	p	0.000	0.000	0.000	0.039	0.000	0.004	0.000	0.005
Q8	*r*	0.158**	0.142**	0.135**	0.057	0.137**	0.122**	0.138**	0.180**
	p	0.000	0.002	0.003	0.207	0.002	0.006	0.002	0.000
Q9	*r*	0.124**	0.119**	0.140**	0.106*	0.127**	0.182**	0.105*	0.095*
	p	0.006	0.008	0.002	0.018	0.005	0.000	0.019	0.035
Q10	*r*	0.083	0.158**	0.057	0.087	0.140**	0.104*	0.159**	0.161**
	p	0.064	0.000	0.206	0.052	0.002	0.02	0.000	0.000
Q11	*r*	0.158**	0.165**	0.182**	0.151**	0.153**	0.06	0.251**	0.132**
	p	0.000	0.000	0.000	0.001	0.001	0.184	0.000	0.003
Q12	*r*	0.107*	0.113*	0.158**	0.108*	0.133**	0.116**	0.152**	0.145**
	p	0.017	0.012	0.000	0.016	0.003	0.009	0.001	0.001
Q13	*r*	0.179**	0.182**	0.201**	0.102*	0.148**	0.135**	0.181**	0.143**
	p	0.000	0.000	0.000	0.023	0.001	0.003	0.000	0.001
Q14	*r*	0.104*	0.164**	0.138**	0.132**	0.144**	0.119**	0.188**	0.139**
	p	0.02	0.000	0.002	0.003	0.001	0.008	0.000	0.002
Q15	*r*	0.114*	0.138**	0.125**	0.180**	0.137**	0.101*	0.154**	0.139**
	p	0.011	0.002	0.005	0.000	0.002	0.025	0.001	0.002
Q16	*r*	0.098*	0.107*	0.083	0.059	0.095*	0.202**	0.145**	0.088
	p	0.029	0.018	0.066	0.192	0.034	0.000	0.001	0.05
Q17	*r*	0.134**	0.152**	0.119**	0.102*	0.034	0.082	0.170**	0.185**
	p	0.003	0.001	0.008	0.022	0.448	0.069	0.000	0.000
Q18	*r*	0.08	0.194**	0.146**	0.105*	0.160**	0.174**	0.178**	0.121**
	p	0.075	0.000	0.001	0.019	0.000	0.000	0.000	0.007

（续表）

变量	相关性	Q38	Q39	Q40	Q41	Q42	Q43	Q44	Q45
Q19	*r*	0.100*	0.170**	0.169**	0.170**	0.154**	0.162**	0.171**	0.138**
	p	0.026	0.000	0.000	0.000	0.001	0.000	0.000	0.002
Q20	*r*	0.181**	0.125**	0.056	0.187**	0.125**	0.130**	0.225**	0.152**
	p	0.000	0.005	0.214	0.000	0.005	0.004	0.000	0.001
Q21	*r*	0.123**	0.230**	0.114*	0.106*	0.160**	0.125**	0.188**	0.130**
	p	0.006	0.000	0.011	0.018	0.000	0.005	0.000	0.004
Q22	*r*	0.115*	0.105*	0.061	0.032	0.145**	0.115*	0.117**	0.102*
	p	0.01	0.019	0.176	0.483	0.001	0.01	0.009	0.023
Q23	*r*	0.146**	0.08	0.112*	0.051	0.094*	0.135**	0.194**	0.186**
	p	0.001	0.077	0.012	0.253	0.036	0.003	0.000	0.000
Q24	*r*	0.06	0.191**	0.092*	0.113*	0.144**	0.035	0.146**	0.136**
	p	0.182	0.000	0.041	0.012	0.001	0.442	0.001	0.002
Q25	*r*	0.168**	0.158**	0.139**	0.126**	0.163**	0.128**	0.142**	0.156**
	p	0.000	0.000	0.002	0.005	0.000	0.004	0.001	0.000
Q26	*r*	0.101*	0.107*	0.083	0.098*	0.156**	0.085	0.205**	0.123**
	p	0.024	0.017	0.063	0.029	0.000	0.057	0.000	0.006
Q27	*r*	0.166**	0.159**	0.122**	0.106*	0.144**	0.108*	0.134**	0.095*
	p	0.000	0.000	0.007	0.018	0.001	0.016	0.003	0.033

注：* 表示在 0.05 水平（双侧）上显著相关，** 表示在 0.01 水平（双侧）上显著相关。

3. 公共体育服务自变量与老年人社会健康子变量相关分析

表 4-35 是公共体育服务自变量各题项与老年人社会健康各题项之间关系的检验，研究结果显示，在人力因素自变量各题项与社会健康关系中，Q7 与 Q49 之间的关系无统计学意义上的显著性；Q7 与 Q50 之间的关系无统计学意义上的显著性；Q10 与 Q48 之间的关系无统计学意义上的显著性；Q11 与 Q48 之间的关系无统计学意义上的显著性。而人力因素其他题项与因变量社会健康各题项之间的关系均为低度正（+）相关，并且具有统计学意义上的显著性（$p < 0.05$ 或 $p < 0.01$）。

在设施因素自变量各题项与社会健康关系中，Q13 与 Q46 之间的关系无统计学意义上的显著性；Q13 与 Q49 之间的关系无统计学意义上的显著性；Q13 与 Q50 之间的关系无统计学意义上的显著性；Q16 与 Q48、Q16 与 Q49、Q16 与 Q50 及 Q16 与 Q51 之间的关系均无统计学意义上的显著性；Q17 与 Q46、Q17 与 Q48、Q17 与 Q49 及 Q17 与 Q52 之间的关系均无统计学意义上的显著性。而设施因素其他题项与因变量社会健康各题项之间的关系均为低度正(+)相关，并且具有统计学意义上的显著性($p < 0.05$或$p < 0.01$)。

在项目运营自变量各题项与社会健康关系中，Q18 与 Q47、Q18 与 Q49 之间的关系无统计学意义上的显著性；Q19 与 Q46、Q19 与 Q49 及 Q19 与 Q51 之间的关系无统计学意义上的显著性；Q20 与 Q50、Q20 与 Q51 之间的关系无统计学意义上的显著性；Q22 与 Q49、Q22 与 Q50 之间的关系无统计学意义上的显著性；Q23 与 Q48、Q23 与 Q49 及 Q23 与 Q52 之间的关系无统计学意义上的显著性。而项目运营其他题项与因变量社会健康各题项之间的关系均为低度正（+）相关，并且具有统计学意义上的显著性（$p < 0.05$ 或 $p < 0.01$）。

在运动的频度和强度自变量各题项与社会健康关系中，Q24 与 Q48、Q24 与 Q49、Q24 与 Q50 及 Q24 与 Q51 之间的关系无统计学意义上的显著性；Q25 与 Q49 之间的关系无统计学意义上的显著性；Q26 与 Q47、Q26 与 Q48 之间的关系无统计学意义上的显著性；Q27 与 Q50 之间的关系无统计学意义上的显著性。而运动的频度和强度其他题项与因变量社会健康各题项之间的关系均为低度正（+）相关，并且具有统计学意义上的显著性（$p < 0.05$ 或 $p < 0.01$）。

表 4-35　公共体育服务与老年人社会健康子变量的相关分析

变量	相关性	Q46	Q47	Q48	Q49	Q50	Q51	Q52
Q7	*r*	0.167**	0.144**	0.116**	0.073	0.026	0.189**	0.108*
	p	0.000	0.001	0.01	0.103	0.568	0.000	0.016
Q8	*r*	0.099*	0.093*	0.117**	0.152**	0.115*	0.195**	0.082
	p	0.027	0.039	0.009	0.001	0.01	0.000	0.068
Q9	*r*	0.168**	0.190**	0.146**	0.105*	0.138**	0.132**	0.119**
	p	0.000	0.000	0.001	0.02	0.002	0.003	0.008
Q10	*r*	0.091*	0.112*	0.063	0.099*	0.160**	0.133**	0.127**
	p	0.041	0.013	0.162	0.027	0.000	0.003	0.005
Q11	*r*	0.156**	0.094*	0.053	0.096*	0.141**	0.111*	0.160**
	p	0.000	0.036	0.242	0.032	0.002	0.013	0.000

（续表）

变量	相关性	Q46	Q47	Q48	Q49	Q50	Q51	Q52
Q12	*r*	0.187**	0.114*	0.157**	0.133**	0.163**	0.214**	0.168**
	p	0.000	0.011	0.000	0.003	0.000	0.000	0.000
Q13	*r*	0.074	0.135**	0.169**	0.051	0.045	0.110*	0.120**
	p	0.098	0.003	0.000	0.252	0.319	0.014	0.007
Q14	*r*	0.097*	0.138**	0.116**	0.117**	0.105*	0.150**	0.162**
	p	0.03	0.002	0.01	0.009	0.019	0.001	0.000
Q15	*r*	0.183**	0.128**	0.109*	0.190**	0.182**	0.164**	0.119**
	p	0.000	0.004	0.015	0.000	0.000	0.000	0.008
Q16	*r*	0.109*	0.216**	0.016	0.054	0.072	0.062	0.126**
	p	0.015	0.000	0.723	0.231	0.111	0.164	0.005
Q17	*r*	0.051	0.100*	0.078	0.052	0.122**	0.100*	0.048
	p	0.255	0.026	0.083	0.25	0.006	0.025	0.288
Q18	*r*	0.102*	0.085	0.089*	0.072	0.093*	0.124**	0.105*
	p	0.023	0.057	0.049	0.11	0.037	0.006	0.019
Q19	*r*	0.059	0.140**	0.138**	0.061	0.116**	0.085	0.088*
	p	0.186	0.002	0.002	0.172	0.01	0.058	0.049
Q20	*r*	0.105*	0.167**	0.111*	0.111*	0.064	0.167**	0.082
	p	0.019	0.000	0.014	0.014	0.152	0.000	0.068
Q21	*r*	0.112*	0.197**	0.108*	0.162**	0.150**	0.245**	0.189**
	p	0.012	0.000	0.016	0.000	0.001	0.000	0.000
Q22	*r*	0.099*	0.153**	0.130**	0.085	0.062	0.162**	0.131**
	p	0.028	0.001	0.004	0.057	0.166	0.000	0.003
Q23	*r*	0.117**	0.158**	0.019	0.05	0.116**	0.156**	0.085
	p	0.009	0.000	0.678	0.262	0.009	0.000	0.059
Q24	*r*	0.122**	0.100*	0.061	0.073	0.056	0.204**	0.016
	p	0.006	0.026	0.173	0.105	0.214	0.000	0.719

（续表）

变量	相关性	Q46	Q47	Q48	Q49	Q50	Q51	Q52
Q25	*r*	0.142**	0.098*	0.098*	0.075	0.112*	0.174**	0.138**
	p	0.002	0.029	0.028	0.095	0.012	0.000	0.002
Q26	*r*	0.133**	0.033	0.077	0.110*	0.115*	0.122**	0.143**
	p	0.003	0.468	0.084	0.014	0.01	0.007	0.001
Q27	*r*	0.097*	0.155**	0.131**	0.100*	0.084	0.119**	0.215**
	p	0.031	0.001	0.003	0.026	0.06	0.008	0.000

注：* 表示在 0.05 水平（双侧）上显著相关，** 表示在 0.01 水平（双侧）上显著相关。

第四节　回归分析

一、公共体育服务对老年人身体健康的影响

（一）公共体育服务子变量对老年人身体健康的回归分析

本书采用多元回归分析考察调节变量和公共体育服务子变量作为自变量对身体健康的影响，结果显示，调节变量对该模型无显著影响。通过多元回归分析考察公共体育服务自变量对老年人健康的影响，结果参见表 4-36。根据回归分析的结果，检查残差统计量以确定是否满足基本假设，回归模型满足等方差假设。另外，DW 统计量为 2.142，接近参考值 2，因此满足独立性假设。VIF 统计量小于 10，表明变量间无线性重合问题。

由表 4-36 可知，公共体育服务四个自变量与身体健康的多元相关系数为 0.675，决定系数（R^2）为 0.455，调整后的 R^2 为 0.451，表示公共体育服务的四个自变量共可解释“身体健康”因变量 45.1% 的变异量。公共体育服务四个自变量的标准化回归系数均为正数，表示四个自变量对“身体健康”的影响均为正向。在回归模型中，影响身体健康的因素是项目运营（β=0.264，t=5.993，p=0.000）、人力因素（β=0.134，t=3.131，p=0.002）、设施因素（β=0.235，t=5.519，p=0.000）、运动的频度和强度（β=0.211，t=5.104，p=0.000），而且均具有显著效果。

从标准化回归系数来看，四个显著回归系数中，项目运营的 β 系数绝对值最大，其次是设施因素的 β 系数绝对值，再次是运动的频度和强度的 β 系数绝对值，而人力因素的 β 系数绝对值最小。这组数据表明，运动项目对身体健康的解释力最大，其次是设施因素对身体健康的解释力，再次是运动的频度和强度对身体健康的解释力，而人力因素对身体健康的解释力最小。

随着年龄的增长，老年人更容易罹患各种慢性病，而缺乏运动是慢性病发展的重要因素。Netuveli G.（2006）的研究指出生命质量在人 68 岁时达到最高水平，68 岁之后老年人的生命质量开始下降，在 75 岁时显著降低。运动可以帮助老年人最大限度地减缓衰老进程，并维持躯体健康和生命质量。本研究根据老年人对运动服务的需求，开展了不同类型的项目运营，各式各样的运动对增强老年人日常生活功能，改善免疫力等方面均起到了显著的积极作用。故本研究中项目运营对增进老年人身体健康效益显著优于其他公共体育服务因素。

随着全民健身活动的普及，老年人参加运动的热情也越来越高，因此，老年人对于运动设施的需求也越发强烈。本研究中的设施要素包含了运动设施的便利和便捷性，研究结果表明，运动设施越符合老年人运动的需求，老年人参加运动的积极性就越高，越能保证老年人运动的持续性和安全性。跟远距离运动设施相比，处于邻里生活圈的运动设施具有更强的人员聚集效应。公益性运动设施也非常受老年人青睐，而对于其他非公益设施，老年人的选择性倾向性更弱。故设施因素对老年人身体健康也具有积极的效应，这与其他学者的研究结果一致，朱郁郁（2022）的研究也证实了这一观点。

运动的频度和强度决定着老年人参与运动的频度和强度。从回归分析结果可以看出，老年人运动的频度和强度对身体健康具有显著影响。在接受公共体育服务后，老年人的运动情况有所改变，项目强度更多的选择低等或中等强度，而运动的时间则有所增加，运动的频率也增多了，这表明适宜的运动频度和强度能促进老年人参与运动的积极性，对改善老年人体质健康状况起到了良好的作用。耿茜（2022）的研究表明，适当频度和强度的运动对老年人提高身体平衡能力、改善认知状况、减重和提高身体功能有着极大的益处。

社会体育指导员作为我国群众体育健身知识的传递者、健康行为的引导者、健身活动的指导者，对促进全民健身事业的发展及健康中国战略的实施具有重要作用 ，是健康中国和全民健身计划高质量发展的重要保障。社会体育指导员因在运动领域的专业性，对老年人参与运动具有吸引力与凝聚力。社会体育指导员在对老年人运动指导、健身咨询及强化健身意识方面都体现出了突出的作用。李涛（2011）在对老年人运动现状调查中发现，32.9% 的调查对象不知道如何进行身体锻炼。这也说明老年人缺乏运动知识，限制了他们运动的积极性和主动性，人力要素的缺乏对老年人参与运动具有负面影响，从而影响老年人的身体健康。

综上所述，公共体育服务人力因素、设施因素、项目运营以及运动的频度和强度对老年人身体健康均具有显著的积极作用。徐超（2023）的研究证实了老年人参与运动的情况越好，身体健康状况也越好。Jenkin C. R .（2018）的研究也表明老年人参与运动可降低全因死亡率及罹患心血管疾病、中风、糖尿病的风险，对老年人身体健康具有很好的保障作用。

表 4-36　公共体育服务与身体健康的回归分析摘要表

变量	标准化系数	*t*	*p*	共线性统计量	
	β			公差	VIF
（常量）		9.112	0.000***		
项目运营	0.264	5.993	0.000***	0.569	1.758
人力因素	0.134	3.131	0.002**	0.609	1.643
设施因素	0.235	5.519	0.000***	0.613	1.631
运动的频度和强度	0.211	5.104	0.000***	0.650	1.538
R=0.675，R^2=0.455，R^2=0.451，f=102.764（df1=1，df2=492），p=0.000					

注：***$p<0.001$，**$p<0.01$，*$p<0.05$，DW=2.142。

（二）公共体育服务各题项与老年人身体健康的回归分析

为分析人力因素 5 个因素、设施因素 6 个因素、项目运营 6 个因素、运动的频度和强度 4 个因素是否对老年人身体健康有显著影响，采用多元回归分析验证其显著性。根据回归分析的结果，检查残差统计量以确定是否满足基本假设，回归模型满足等方差假设。另外，DW 统计量为 2.111，接近参考值 2，因此满足独立性假设。VIF 统计量小于 10，表明变量间无线性重合问题，如表 4-37 所示。

该研究模型证实，公共体育服务作为老年人身体健康的影响因素，解释了 44.9% 的变异量。仔细观察发现，人力因素的 5 个因素中影响老年人身体健康的因素有人力因素 1（β=0.096，$p<0.01$）、人力因素 4（β=0.073，$p<0.05$）。在公共体育服务

过程中，社会体育指导员不仅能够把充足的时间和精力投入对老年人的运动指导中，而且自身也会不断学习专业知识，提高专业性，以便更好地服务老年人。但是社会体育指导员还存在服务内容单一的弊端，这也是造成除人力因素 1 和人力因素 4 以外的人力因素对老年人身体健康影响不具显著性的原因之一。中国学者苏畅（2022）通过对社会体育指导员在群众体育中的价值研究也验证了本研究的结果。

在设施因素方面，显著影响老年人身体健康的设施因素包括设施因素 3（β=0.117，$p < 0.01$）和设施因素 4（β=0.107，$p < 0.01$）、设施因素 5（β=0.097，$p < 0.01$）。在现代全民健身发展的进程中，运动设施的基本载体作用越来越突出，并已成为全民建设事业高校发展的重要物质基础，但是我国社区的健身设施还存在适老化、安全性和多样性不足的情况。本次调查也发现，社区运动设施与老年人的需求匹配度不高，设施较为单一，缺乏趣味性，这也会导致本就运动积极性不高的老年人放弃运动。李慧竹（2018）对老年人公共健身设施的研究也证实了这一观点。

在项目运营方面，显著影响老年人身体健康的项目运营因素包括项目运营 2（β=0.116，$p < 0.01$）、项目运营 4（β=0.113，$p < 0.01$）和项目运营 6（β=0.076，$p < 0.05$）。本研究项目运营主要是选择集健身和娱乐为一体的运动项目，帮助老年人在运动过程中有效缓解疲劳，改善健康状况。轻松愉悦的运动项目最为明显的作用是有助于改善老年人的身体状况，提高其身体素质水平，这一点已被众多老年人所熟知并在日常生活中予以坚持，达到内化阶段。李娟（2015）在运动对老年人健康价值的研究也证实了本研究结果。

最后，在运动的频度和强度中，发现运动的频度和强度的四个因素均对老年人身体健康有显著影响。影响老年人身体健康的因素包括运动的频度和强度 1（β=0.08，$p < 0.05$）、运动的频度和强度 2（β=0.088，$p < 0.05$）、运动的频度和强度 3（β=0.114，$p < 0.01$）以及运动的频度和强度 4（β=0.081，$p < 0.05$）。长期并有规律的参加运动，有利于改善老年人关节韧性，缓解骨质疏松的发生，这对提高骨的抗折、抗压能力，减少骨折发生具有显著作用。并且适宜规律的运动对提升老年人新陈代谢、降低体内血脂含量及预防心血管疾病也具有重要作用。在坚持参加运动的过程中，老年人自身免疫力得到提高，身体健康状况也可以得到较大的改善。这也说明，运动的频度和强度四个因素对老年人身体健康均有积极的作用，崔德刚（2021）对老年人参与身体活动与改善健康的关系研究也证实了本研究的结果。

综上所述，不同的人力要素、设施要素、项目运营以及项目的频度和强度对老年人身体健康的影响效果不同，申晋波（2020）对老年人体育锻炼与健康体适能相关性研究也证实了运动对老年人身体健康的不同效应。

表 4-37　公共体育服务自变量与身体健康的回归分析摘要表

变量	标准化系数	t	p	共线性统计量	
	β			公差	VIF
（常量）		8.763	0.000***		
人力因素 1	0.096	2.620	0.009**	0.832	1.203
人力因素 2	0.040	1.083	0.279	0.827	1.209
人力因素 3	0.026	0.693	0.489	0.807	1.239
人力因素 4	0.073	2.021	0.044*	0.851	1.175
人力因素 5	– 0.008	– 0.219	0.827	0.828	1.208
设施因素 1	0.063	1.731	0.084	0.827	1.209
设施因素 2	0.021	0.565	0.572	0.826	1.21
设施因素 3	0.117	3.242	0.001**	0.854	1.171
设施因素 4	0.107	2.885	0.004**	0.813	1.229
设施因素 5	0.097	2.750	0.006**	0.885	1.13
设施因素 6	0.040	1.094	0.275	0.841	1.189
项目运营 1	0.052	1.454	0.147	0.875	1.143
项目运营 2	0.116	3.199	0.001**	0.851	1.175
项目运营 3	0.067	1.838	0.067	0.841	1.189
项目运营 4	0.113	2.993	0.003**	0.776	1.289
项目运营 5	0.056	1.591	0.112	0.883	1.132
项目运营 6	0.076	2.090	0.037*	0.839	1.192
运动的频度和强度 1	0.080	2.207	0.028*	0.836	1.196
运动的频度和强度 2	0.088	2.313	0.021*	0.771	1.296
运动的频度和强度 3	0.114	3.125	0.002**	0.839	1.192
运动的频度和强度 4	0.081	2.216	0.027*	0.826	1.21
R=0.688，R^2=0.473，调整后的 R^2=0.449，f=20.284（df1=21，df2=475），p=0.000					

注：***$p < 0.001$，**$p < 0.01$，*$p < 0.05$，DW=2.111。

二、公共体育服务对老年人心理健康的影响

（一）公共体育服务自变量与老年人心理健康的回归分析

采用多元回归分析考察调节变量和公共体育服务子变量作为自变量对心理健康的影响，表4-38详细解释了调节变量和公共体育服务子变量与心理健康的回归分析结果。结果显示，收入水平与公共体育服务自变量与心理健康的相关系数为0.612，决定系数（R^2）为0.374，调整后的R^2为0.368，表示经济水平调节变量和公共体育服务的四个自变量共可解释“心理健康”因变量36.8%的变异量。调节变量经济水平和公共体育服务四个自变量的标准化回归系数均为正数，表示经济水平和四个自变量对“心理健康”的影响均为正向。在回归模型中，影响心理健康的因素是收入水平（β=0.076，t=2.114，p=0.035）、项目运营（β=0.207，t=4.517，p=0.000）、人力因素（β=0.207，t=4.548，p=0.000）、设施因素（β=0.244，t=5.146，p=0.000）、运动的频度和强度（β=0.093，t=2.109，p=0.035），而且均具有显著效果。另外，DW统计量为1.764，接近参考值2，因此满足独立性假设。VIF统计量小于10，表明变量间无线性重合问题。

从标准化回归系数来看，五个显著回归系数中，设施因素的β系数绝对值最大，其次是项目运营和人力因素的β系数绝对值，再次是运动的频度和强度的β系数绝对值，而收入水平的β系数绝对值最小。这表示设施因素对心理健康的解释力最高，其次是项目运营和人力因素对心理健康的解释力，再次是运动的频度和强度对心理健康的解释力，收入水平对心理健康的解释力最小。

老年人往往会忽视心理健康状况，更多地关注自己的躯体健康，Farioli-Vecchioli S.（2018）的研究表明，老年人的心理疾病会增加发病率和致残率，导致身体功能衰退、照顾者负担和过早死亡，并增加医疗成本。人进入老年期后，不仅生理功能会发生变化，心理功能也会发生巨大变化。受经济水平制约，运动设施的建设与利用的灵活性较低，并且社区运动设施也存在单一性，不能满足老年人个性化运动需求的情况。研究发现，运动设施功能越齐全，安全性越高，便捷性越好，对老年人心理健康的影响也越佳。亢旭（2023）对全民健身运动设施的研究也证实了本研究结果。

大量研究表明，老年人通过参加适宜的运动项目可以有效降低个体的应激反应，消除身体疲劳，缓解焦虑、抑郁等不良情绪，从而降低罹患心理疾病的风险。本研究中项目运营的设计均采用集体运动项目，集体运动项目能够满足老年人对人际依恋的需要，即多人形成的运动团体会对老年人形成一种保护，运动参与过程中，老年

人会更有安全感，焦虑水平也会有所降低。而项目运营的丰富性和团队协作过程也能促使老年人保持良好的人际沟通，舒缓不良情绪。朱二刚（2019）的研究表明，不同运动项目在提高老年人身心健康水平上略有不同，但经常参加体育锻炼，能够延缓老年人的认知功能损害及神经系统衰老，缓解焦虑和抑郁，进而提高其主观幸福感。

社会体育指导员在服务老年人的过程中也承担着体育精神文明传播的责任，这对老年人心理健康方面也存在显著影响。社会体育指导员在提供公共体育服务的过程中，其指导能力会直接影响老年人对其专业性的评价结果。随着公共体育服务的开展，老年人的健身意识和健身需求逐渐增强，老年人对健身理论指导与咨询、健身过程组织与控制均会有更高的要求，如社会体育指导员达不到老年人的预期，则会大大降低老年人对指导员的信任感，并引起不良情绪的产生。因此，公共体育服务中人力要素对老年人心理健康也具有显著的积极效应，杨中兵（2021）的研究也证实了该观点。

运动对城市社区老年人心理健康具有积极的正向作用，经常且规律参加运动的老年人身体健康状况更好，更肯定自己的能力，对生活保持乐观态度，并且能以积极自信的态度解决问题，安全感和心理健康水平均较高。老年人参与运动越频繁，其心理健康水平越好，可帮助老年人减少焦虑、抑郁等负性情绪的发生。李娟（2015）的研究表明，持续参加中等强度的运动 25—70 分钟后，情绪会产生短期变化，会降低老年人抑郁、烦躁、紧张等负面情绪，提升快乐、满足、愉悦等积极情绪。因此，老年人规律地参加合理频度和强度的运动也会对老年人的心理健康产生良好的积极作用。

社区老年人心理健康效应受经济水平的影响，有研究表明，经济水平可显著影响老年人的认知功能，经济水平越高，老年人的认知水平也越好，情绪也更稳定，对保持老年人心理健康具有积极的作用。

现今社会诸如抑郁、焦虑等心理问题的产生，也与老年人心理机能变化有着较大关系。对于老年人来讲，老年期是一个非常特殊的时期，在此期间，老年人要面对退休养老、子女问题、家庭问题等，这是对老年人心理承受能力的极大挑战，也导致老年人的心理复杂多变。而公共体育服务中人力要素、设施要素、项目运营以及运动的频度和强度均对可缓解老年人心理机能的退化，有效提升老年人心理健康水平。此外，经济水平对老年人心理健康具有调节作用。

表 4-38　收入水平、公共体育服务与心理健康的回归分析摘要表

变量	标准化系数	t	p	共线性统计量	
	β			公差	VIF
（常量）		9.569	0.000***		
收入水平	0.076	2.114	0.035*	0.999	1.001
项目运营	0.207	4.517	0.000***	0.609	1.643
人力因素	0.207	4.548	0.000***	0.613	1.631
设施因素	0.244	5.146	0.000***	0.569	1.758
运动的频度和强度	0.093	2.109	0.035*	0.650	1.539
模型 2：R=0.612，R^2=0.374，调整后的 R^2=0.368，f=58.782（df1=4，df=491），p=0.000					

注：***$p < 0.001$，**$p < 0.01$，*$p < 0.05$，DW=1.764。

（二）公共体育服务各题项与老年人心理健康的回归分析

为分析人力因素 5 个因素、设施因素 6 个因素、项目运营 6 个因素、运动的频度和强度 4 个因素是否对老年人心理健康有显著影响，采用多元回归分析验证其显著性。根据回归分析的结果，检查残差统计量以确定是否满足基本假设，回归模型满足等方差假设。另外，DW 统计量为 1.785，接近参考值 2，因此满足独立性假设。VIF 统计量小于 10，表明变量间无线性重合问题，参见表 4-39 所示。

该研究模型证实，公共体育服务作为老年人心理健康的影响因素，解释了 36.7% 的变异量。仔细观察发现，人力因素的 5 个因素中影响老年人心理健康的因素有人力因素 1（β=0.152，$p < 0.001$）和人力因素 5（β=0.105，$p < 0.01$）。因受人力成本的影响，本研究中运动指导均采用集体指导的方式开展，没有做到精准的“一对一”指导服务，相应的对老年人运动的指导会存在不均衡的状态。这也是导致老年人对社会体育指导员指导的专业性、沟通能力、服务提供的充足性不满意或对心理健康不具显著影响的原因。总体来讲，在老年人看来，社会体育指导为其提供了积极的运动服务，对他们完成运动效果产生较大的成就体验，也会更加认可社会体育指导员，而且在参加运动过程中可增加与同伴间的交流，这也促使他们在运动过程中可有效地排解不良情绪。唐桔（2022）通过对体育强国建设背景下社区体育人力缺乏解决路径的研究也证实了这一观点。

在设施因素方面，显著影响老年人心理健康的设施因素包括设施因素 2（β=0.098，$p < 0.05$）和设施因素 3（β=0.098，$p < 0.05$）。研究发现，设施低故障因素可有效降低老年人参加运动时的安全顾虑，可帮助老年人集中精力参与运动，产生愉悦的感觉。本次调查发现，在设施因素方面存在运动设施的现代化程度不高、运动设施圈层化不均衡，以及配套交通服务不完善的情况，这也是造成老年人对这三类因素评价不高，导致对老年人心理健康影响不显著的原因。在全民健身的引领下，老年人对运动设施的追求也更加个性化，更多的老年人希望能有可就近参与运动的场地。亢旭（2023）的研究也提出要利用小区周边的空地区域，打造形成“十分钟健身圈”，以减少老年人运动的出行压力。

在项目运营方面，显著影响老年人心理健康的项目运营因素包括项目运营 1（β=0.118，$p < 0.01$）、项目运营 2（β=0.12，$p < 0.01$）和项目运营 3（β=0.108，$p < 0.01$）。本研究在提供公共运动服务前对老年人日常热衷参与的运动开展了先行调查，并在先行调查的基础上为老年人设计项目运营内容。因此老年人对项目运营中运动项目的实施，完成运动项目对自身健康变化的有力影响，以及项目的丰富性和趣味性的认可度较高。同时这些因素也会对老年人的心理健康产生显著的积极影响。研究表明，老年人参与运动时心理接纳度越高，运动的趣味性越足，起会促使老年人运动过程中身体分泌多巴胺，能使老年人感到轻松惬意、心情愉快。这与孙锎（2018）的研究一致。

最后，在运动的频度和强度方面，发现运动的频度和强度的 4 个因素均对老年人心理健康无显著影响。这与其他学者的研究不一致，导致这一结果产生的原因可能是本次研究中公共运动服务提供的时间较短，相对于人力因素、设施因素、项目运营 3 个因素而言，运动的频度和强度对老年人心理健康影响变化并不明显。

综上所述，不同的人力因素、设施因素、项目运营以及运动的频度和强度对老年人心理健康的影响效果不同，人口学变量及经济水平对老年人心理健康的影响具有调节作用。王峰（2020）和魏凤英（2020）的研究结果也证实了该研究结果。

表 4-39 公共体育服务子变量与心理健康的回归分析摘要表

变量	标准化系数	t	p	共线性统计量	
	β			公差	VIF
（常数）		10.651	0.000***		

（续表）

变量	标准化系数	t	p	共线性统计量	
	β			公差	VIF
人力因素 1	0.152	3.891	0.000***	0.832	1.203
人力因素 2	0.040	1.024	0.307	0.827	1.209
人力因素 3	0.018	0.459	0.646	0.807	1.239
人力因素 4	0.063	1.629	0.104	0.851	1.175
人力因素 5	0.105	2.679	0.008**	0.828	1.208
设施因素 1	0.041	1.046	0.296	0.827	1.209
设施因素 2	0.098	2.492	0.013*	0.826	1.210
设施因素 3	0.098	2.538	0.011*	0.854	1.171
设施因素 4	0.065	1.640	0.102	0.813	1.229
设施因素 5	0.047	1.228	0.220	0.885	1.130
设施因素 6	0.034	0.868	0.386	0.841	1.189
项目运营 1	0.118	3.077	0.002**	0.875	1.143
项目运营 2	0.120	3.104	0.002**	0.851	1.175
项目运营 3	0.108	2.764	0.006**	0.841	1.189
项目运营 4	0.061	1.506	0.133	0.776	1.289
项目运营 5	0.002	0.045	0.964	0.883	1.132
项目运营 6	0.048	1.222	0.222	0.839	1.192
运动的频度和强度 1	0.009	0.224	0.823	0.836	1.196
运动的频度和强度 2	0.064	1.563	0.119	0.771	1.296
运动的频度和强度 3	0.029	0.739	0.460	0.839	1.192
运动的频度和强度 4	0.038	0.963	0.336	0.826	1.210
R=0.628，R^2=0.394 ，调整后的 R^2=0.367，f=14.697（df1=21，df2=475），p=0.000					

注：***$p < 0.001$，**$p < 0.01$，*$p < 0.05$，DW=1.7850。

三、公共体育服务对老年人社会健康的影响

（一）公共体育服务子变量与老年人社会健康的回归分析

本研究采用多元回归分析考察调节变量和公共体育服务子变量作为自变量对社会健康的影响，结果显示，性别、年龄、学历、职业及收入水平调节变量对老年人社会健康的影响不具显著性，故在回归分析中作为删除的变量进行统计。表 4-40 说明了公共体育服务子变量与社会健康的回归分析结果。

由表 4-40 可知，公共体育服务四个自变量与社会健康的相关系数为 0.542，决定系数（R^2）为 0.294，调整后的 R^2 为 0.288，这一数值说明，公共体育服务四个自变量共可解释社会健康因变量 28.8% 的变异量。另外，DW 统计量为 2.032，接近参考值 2，因此满足独立性假设。VIF 统计量小于 10，这一数值验证了变量间无线性重合的问题。

公共体育服务四个自变量的标准化回归系数均为正数，表示公共体育服务对社会健康的影响为正向。在回归模型中，影响社会健康的因素是人力因素（β=0.183，t=3.775，p=0.000）、设施因素（β=0.214，t=4.425，p=0.000）、运动项目（β=0.191，t=3.795，p=0.000），而且均具有显著效果。

从标准化回归系数来看，在三个显著回归系数中，设施因素的 β 系数绝对值最大，其次是项目运营的 β 系数绝对值，而人力因素的 β 系数绝对值最小。表示设施因素对社会健康的解释力度最大，其次是项目运营和人力因素对社会健康的解释力度。而运动的频度和强度与社会健康的回归系数未达显著性，表示运动的频度和强度对社会健康的变异解释甚小。

老年人退休前，社会交往活动频繁，是社会的主流，可以充分体现自身存在的社会价值。同时，老年人退休前也是家庭的支柱和经济主要来源，在家庭中起着主导作用。而老年人退休后，基本退出了社会这一大舞台，社会交往减少，生活开始变得平淡枯燥；家庭角色也由主角转换为配角，子女随着年龄的增长，独立自主性增强，不再依赖父母，也开始取代父母在家庭的主导地位。这种变化对很多老年人来讲是一个巨大的挑战，许多老年人不能适应由此带来的失落感，认为自己已经变老了，不重要了，社会价值降低，也不能找到其他有意义的事情来证明自己，这也就造成了老年人社会健康水平大大降低的结果。

设施因素在公共体育服务中具有不可或缺的地位，可帮助群众更好地开展运动。老年人在参加运动时，运动场馆和设施的可达性程度越高，意味着老年人参与运动时所耗费的时间成本也相应地降低。所以在老年人看来，参与运动越方便，越能促进他

们积极地参加运动，从而提升社会交往水平。设施因素的现代化程度，也会对老年人产生较大的吸引。设施的便捷程度越高，对于他们出行参加运动等社会活动具有越明显的效用，这也可在很大程度上有效弥补社会支持与社会认可的缺失。

项目运营因素集体运动项目的实施，能使个体在运动过程中与他人交流和配合，减少敌对和偏执，增进与伙伴之间的交往，满足老年人的人际交往需要。同时，这一过程也增加了老年人获得社会支持的可能性，这些都能够促进老年人社会健康发展。丰富的项目运营计划可以帮助老年人迅速融入退休后的生活圈，重塑生活方式，并积极地接纳新的社会身份且提升社会的融入感，从而改善自身的社会健康状况。这与 Oliveira B.（2021）的研究结果一致。

人力因素方面，随着社会的快速发展，老年人面临的社会环境和生活环境一直发生着变化，这也导致老年人群需要获取更多的社会支持，以维持其社会健康水平。Farriol-Baroni V.（2021）的研究发现社会支持会随着年龄的增长而减少。因此，社会体育指导员作用的发挥，可帮助老年人获得更加强大的社会支持网络，而在指导员指导下的高水平运动参与也是保持良好社会健康和生活质量的重要保护因素。王富百慧（2020）对朋友网络支持与老年人运动参与的研究也证实了该观点。

综上所述，公共运动服务的实施不仅能满足社区老年人健身娱乐的需要，还为其不同社会角色的塑造提供可能，起到消除或缓解角色冲突的作用。使得老年人在自我展示时产生积极的主观心理体验，增加自尊心和自信心，进而获得尊重和提升自我存在价值，并以此提升整体社会健康水平。

表 4-40 公共体育服务与社会健康的影响

模型	标准化系数	t	p	共线性统计量	
	β			公差	VIF
（常量）		13.080	0.000***		
人力因素	0.183	3.775	0.000***	0.609	1.643
设施因素	0.214	4.425	0.000***	0.613	1.631
项目运营	0.191	3.795	0.000***	0.569	1.758
运动的频度和强度	0.084	1.793	0.074	0.650	1.538
R=0.542，R^2=0.294，调整后的 R^2=0.288，f=51.103（df1=4，df=492），p=0.000					

注：***$p<0.001$，**$p<0.01$，*$p<0.05$，DW=2.032。

（二）公共体育服务各题项与老年人社会健康的回归分析

为分析人力因素5个因素、设施因素6个因素、项目运营6个因素、运动的频度和强度4个因素是否对老年人社会健康有显著影响，采用多元回归分析验证其显著性。根据回归分析的结果，检查残差统计量以确定是否满足基本假设，回归模型满足等方差假设。另外，DW统计量为1.982，接近参考值2，因此满足独立性假设。VIF统计量小于10，表明变量间无线性重合问题，如表4-41所示。

该研究模型证实，公共体育服务作为老年人社会健康的影响因素，解释了30.6%的变异量。仔细观察发现，人力因素的5个因素中影响老年人社会健康的因素仅有人力因素3（β=0.119，$p < 0.01$）。社会体育指导员的重要职能是对社区居民运动进行组织和专业指导，这不仅能充分保证社区体育器材的科学使用，同时也让老年人获取更加专业的运动知识。指导员在老年人运动过程中给予的鼓励及肯定，也会使老年人备受鼓舞，增强的运动信心。因此，社会体育指导员的专业性对老年人社会健康的影响相较其他人力因素而言更具显著性。

在设施因素方面，设施因素1（β=0.17，$p < 0.001$）、设施因素3（β=0.088，$p < 0.05$）和设施因素4（β=0.142，$p < 0.01$）对老年人社会健康有显著影响。调查发现，老年人对智能产品使用的情况存在不均衡的状态，而使用较好的老年人会帮助或指导其他老年人使用现代化的运动设施，这对老年人来说是加强交流，提升群体认可度的有效方式。因此，这也是设施因素1对老年人社会健康具有显著影响的原因。而运动设施可根据自身喜好调整服务强度这一因素，对于老年人来讲也特别重要。老年人因身体功能退化，更易疲劳，因此在运动过程中可根据自身运动能力调整运动设施以控制服务强度，对老年人而言具有更高的安全性，这也是设施因素3对老年人社会健康影响显著的原因。运动设施有便利的附属设施这一要素，对老年人而言意味着在他们运动过程中的选择性更多，这有利于他们获得更具价值的运动参与感和体验感。由此，设施因素4可帮助老年人提升社会健康水平。丁志宏（2018）的研究与本研究结果相一致。

在项目运营方面，发现项目运营4对老年人社会健康有显著影响。影响老年人社会健康的因素为项目运营4（β=0.149，$p < 0.001$）。运动是增进老年人参与社会活动的重要途径，老年人参与运动，对其扩大社会活动范围也具有重要意义。此外，在运动项目的选择上，中低等强度的集体形式运动项目比高等强度的个人形式运动项目更受老年人青睐，在增加人际交流、获取社会支持方面更具有优势。可见，难易程度合适的运动项目有助于改善老年人的思维能力，并且在运动中形成合作精神，可以有助

于老年人营造良好的人际关系，增加社会适应能力，进而提升老年人的社会健康水平。陈敏辉（2019）的研究也证实了本研究的结果。

在运动的频度和强度中，发现显著影响老年人社会健康的因素为运动频度和强度4（β=0.082，$p < 0.05$）。大多数老年人对运动有一定认识，但是内心存在惰性，导致老年人难以坚持参加运动。一般情况下，老年人参与运动的动机是强身健体，通过运动来提高老年人身体素质及应变能力，改善机体器官功能，延缓衰老。但只有部分老年人能清晰地认识到，运动对满足其社会需要、社会支持层面的精神需要具有非常重要的作用。他们认为通过坚持参加运动，对自身扩大社交范围、增加社交频率可有效满足他们社会支持的精神需求，并能有效提升社会健康水平。

表 4-41　公共体育服务与社会健康的影响

变量	标准化系数	*t*	*p*	共线性统计量	
	β			公差	VIF
（常数）		13.307	0.000***		
人力因素 1	0.057	1.382	0.168	0.832	1.203
人力因素 2	0.054	1.307	0.192	0.827	1.209
人力因素 3	0.119	2.861	0.004**	0.807	1.239
人力因素 4	0.049	1.198	0.231	0.851	1.175
人力因素 5	0.038	0.913	0.362	0.828	1.208
设施因素 1	0.170	4.144	0.000***	0.827	1.209
设施因素 2	0.008	0.198	0.843	0.826	1.210
设施因素 3	0.088	2.181	0.030*	0.854	1.171
设施因素 4	0.142	3.413	0.001**	0.813	1.229
设施因素 5	0.043	1.093	0.275	0.885	1.130
设施因素 6	−0.023	−0.563	0.573	0.841	1.189
项目运营 1	0.039	0.973	0.331	0.875	1.143
项目运营 2	0.028	0.692	0.489	0.851	1.175
项目运营 3	0.064	1.577	0.115	0.841	1.189
项目运营 4	0.149	3.513	0.000***	0.776	1.289

（续表）

变量	标准化系数	t	p	共线性统计量	
	β			公差	VIF
项目运营 5	0.077	1.940	0.053	0.883	1.132
项目运营 6	−0.008	−0.207	0.836	0.839	1.192
运动的频度和强度 1	−0.017	−0.411	0.681	0.836	1.196
运动的频度和强度 2	0.006	0.131	0.896	0.771	1.296
运动的频度和强度 3	0.028	0.687	0.492	0.839	1.192
运动的频度和强度 4	0.082	1.986	0.048*	0.826	1.210
R=0.579，R^2=0.335 ，调整后的 R^2=0.306，f=11.416（df1=21，df2=475），p=0.000					

注：***$p < 0.001$，**$p < 0.01$，*$p < 0.05$，DW=1.982。

从多重线性回归分析结果来看，共线性诊断显示，VIF 值均小于 10，说明不存在共线性问题。人力因素、设施因素、项目运营、运动的频度和强度对实验组老年人的身体健康、心理健康及社会健康均发挥了正向作用。

第五节　结构方程模型

一、模型拟合度检验

运用 AMOS23.0 对上述模型进行分析，评估研究模型的拟合度。参照温忠麟和 Marsh（2004）的方法，选取卡方自由度比（x^2/df）、残差均方和平方根（RMR）、渐进残差均方和平方根（RMSEA）、拟合指数（GFI）、调整后适配度指标（AGFI）、比较拟合指数（CFI）、非规范拟合指数（TLI）、增量拟合指数（IFI）等对结构方程模型的拟合效度进行判定。

从表 4-42 的分析结果来看，卡方自由度比的拟合标准为 x^2/df $<$ 3，其拟合指数为 1.169，当 x^2/df 的数据值大于 2 且小于 5 时，通常表明所建立的模型可接受；当 x^2/df 的数据值 $<$ 2，则表明模型具有非常好的拟合效果，由此可判定 x^2/df 的拟合效果

非常好。当残差均方和平方根（RMR）的数值越接近 0，说明模型拟合的效果越好；当 RMR < 0.10，表明模型拟合效果较好；当 RMR < 0.05，说明模型的拟合效果很好；当 RMR < 0.01，代表模型的拟合效果非常好。本研究模型中 RMR 指数为 0.035 < 0.05，说明 RMR 的拟合效果很好。

当渐进残差均方和平方根（RMSEA）的数值越接近 0，说明模型拟合的效果越好；根据 Steiger（1990）的研究，当 RMSEA < 0.10，表明模型拟合效果较好；当 RMSEA < 0.05，说明模型的拟合效果很好；当 RMSEA < 0.01，代表模型的拟合效果非常好。本研究模型中 RMSEA 的拟合指数为 0.018 < 0.05，由此可知 RMSEA 的拟合效果很好。比较拟合指数的拟合标准为 GFI > 0.9，其拟合指数为 0.956。GFI 的取值在 0 到 1 的范围内，越接近 1，表明此时模型具有越好的拟合效果，GFI 的取值≥ 0.9，通常表明此时模型是可以被接受的，因此本研究模型的 GFI 的拟合度达到了比较理想的效果。

调整后适配度指标的拟合标准为 AGFI > 0.9，其拟合指数为 0.945，AGFI 的取值越接近 1，说明模型拟合效果越好，当 AGFI ⩾ 0.9，通常表明此时模型拟合效果很好，因而可认为本研究模型中 AGFI 的拟合效果很好。比较拟合指数（CFI）的取值在 0 到 1 的范围内，越接近 1，表明此时模型的拟合效果越好，CFI 的取值≥ 0.9，通常表明模型拟合效果很好。本研究模型 CFI 的拟合指数为 0.977 > 0.9，因此本研究模型的 CFI 拟合效果很好。

非规范拟合指数拟合标准为 TLI > 0.9，其拟合度指数为 0.974，TLI 的取值越接近 1，说明模型拟合效果越好，当 TLI ⩾ 0.9，通常表明此时模型拟合效果很好，因此本模型的 TLI 拟合效果很好。增量拟合指数拟合标准为 IFI > 0.9，其拟合指数为 0.977。IFI 的取值越接近 1，说明模型拟合效果越好，当 IFI ⩾ 0.9，通常表示此时模型拟合效果很好，因此本模型的 IFI 拟合度很好。

结果表明，研究模型的各项拟合指数均优于临界值，因而可认为该模型的拟合度很好，社区老年人健康与针对性运动服务结构方程模型得以建立，模型结构如图 4-1 所示。

表 4-42 结构方程模型拟合指数

拟合指标	拟合标准	模型拟合指数	拟合效果
x^2/df	< 3	1.169	理想
RMR	< 0.05	0.035	理想
RMSEA	< 0.05	0.018	理想

（续表）

拟合指标	拟合标准	模型拟合指数	拟合效果
GFI	＞0.9	0.956	理想
AGFI	＞0.9	0.945	理想
CFI	＞0.9	0.977	理想
TLI	＞0.9	0.974	理想
IFI	＞0.9	0.977	理想

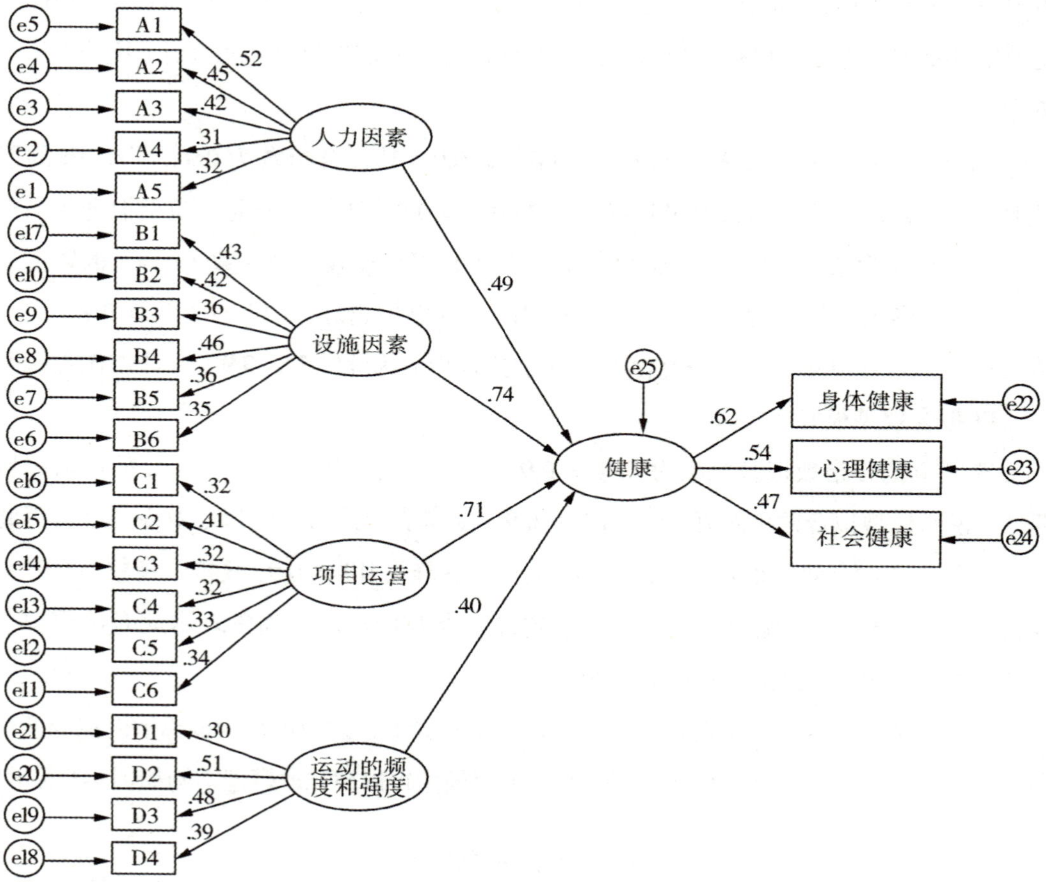

图 4-1　结构方程模型

二、路径分析

通过对结构方程模型的分析，得到模型假设的检验结果如表 4-43 所示。由路径系数可知，人力因素对老年人自诊健康影响的标准化路径系数 β=0.492（$p < 0.001$），由此可知人力因素与老年人健康呈显著正（+）相关关系，假设成立。表明，人力因素每提升 1 个单位，老年人健康水平也将提升 0.492 个单位。

设施因素对老年人自诊健康影响的标准化路径系数 β=0.644（$p < 0.001$），可知设施因素与老年人健康呈显著正（+）相关关系，假设成立。表明，设施因素每提升 1 个单位，老年人健康水平也将提升 0.644 个单位。

项目运营对老年人自诊健康影响的标准化路径系数 β=0.705（$p < 0.001$），可知项目运营与老年人健康呈显著正（+）相关关系，假设成立。表明，项目运营每提升 1 个单位，老年人健康水平也将提升 0.705 个单位。

运动的频度和强度对老年人自诊健康影响的标准化路径系数 β=0.401（$p < 0.001$），可知运动的频度和强度与老年人健康呈显著正（+）相关关系，假设成立。表明，运动的频度和强度每提升 1 个单位，老年人健康水平也将提升 0.401 个单位。

以上研究结果表明：因变量健康受人力因素、设施因素、项目运营以及运动的频度和强度的共同影响，而且具有统计学意义上的显著性。其中，针对性运动服务中项目运营对老年人健康的作用效应最大，设施因素对老年人健康的作用效应次之，人力因素对老年人健康的作用效应排第三，而运动的频度和强度对老年人健康的作用效应最小。

表 4-43 结构方程模型路径系数

假设路径	非标准化回归系数	S.E.	C.R.	*p*	标准化系数	检验结果
人力因素→健康	3.856	0.893	4.317	＜ 0.001	0.492	成立
设施因素→健康	4.481	0.884	5.066	＜ 0.001	0.644	成立
项目运营→健康	4.931	0.963	5.123	＜ 0.001	0.705	成立
运动的频度和强度→健康	2.535	0.614	4.129	＜ 0.001	0.401	成立

爱德华政策执行模型（如图 4-2 所示）认为交流与沟通（communication）、资源（resources）、政策执行者偏好（disposition）和官僚组织结构（bureaucratic structure）四个要素的互动关系直接或间接地影响了政策的执行情况。社会体育指导员在运动指导过程中有良好的沟通能力，对运动设施的资源利用较好，并且是根据老年人的需求给予

老年人有针对性的运动服务，由此，也可反映出老年人健康水平的提升受人力因素影响最大。此外，在调查中发现，家庭支持在一定程度上影响老年人的健康状况，原因可能是子女或伴侣等家庭成员可以给予老年人生活上的照顾，和谐的家庭氛围有利于改善老年人健康状况。谢会群（2023）对居家养老老年人能力影响因素的研究结果表明，对老年人能力影响效应由大到小的因素依次为家庭支持、健康状况和居家养老环境。因此，本研究认为，除需加强公共运动服务中人力因素水平外，还需鼓励社会为老年人营造良好的人际交往和社会支持水平，以提高老年人健康水平。

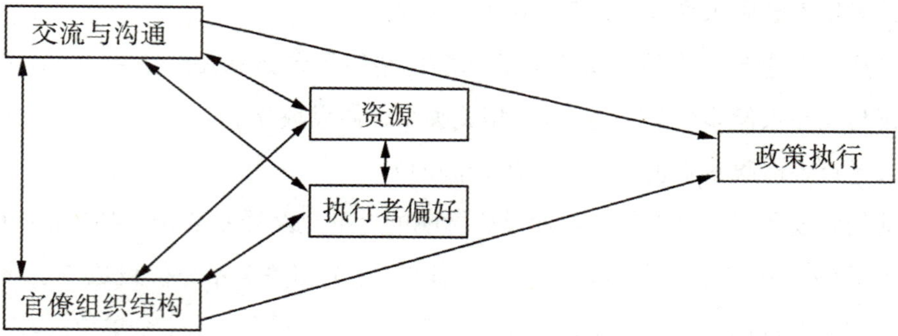

图 4-2　爱德华政策执行模型

研究发现，运动设施的便利性可激发老年人的出行欲望，增加社交频率，而且运动设施及环境越安全，老年人参加运动的积极性、专注性越高。设施安全性较好，可降低老年人运动过程中意外的发生，帮助降低运动损伤，故设施因素在一定程度上可减少老年人运动过程中发生危险，帮助老年人提升健康水平。郭娟（2021）的研究表明，安全的养老环境对防止老年人跌倒，提升老年人体质健康及日常生活功能方面具有积极的意义。因此，可认为便利且安全的设施因素可作为改善老年人健康状况并延缓老年人机能退化的有效途径。

本研究中，根据老年人实际需求个性化定制了运动项目，不同的运动项目对老年人健康的影响不一。已有研究表明，不同运动项目的实施，对老年人的身体成分、肌肉力量与耐力、心肺功能、柔韧性、神经系统及平衡性具有显著影响且影响效果不一。因此，本研究在先行调查老年人身体状况与运动需求的基础上开展针对性运动服务，对老年人掌握运动特点、提升运动兴趣并达到增进健康的作用是非常有利的，也具有良好的效应。

调查发现，随着老年人参与公共运动服务的增加，获取的运动保健知识更多了，从意识层面也会更坚信运动对健康的益处，因此会更积极地参加运动，从而影响其参加运动的频率。已有研究表明，适量强度的运动可显著改善老年人对运动与健康的认知状况，并有效提升体质健康水平。因此，本研究认为运动的频度和强度因素对老年人的健康信念有积极的影响，也反映出老年人能更合理的通过运动的频度和强度来控制运动的效果，从而达到促进积极老龄化的作用。

老年人的健康状况不容乐观，人际支持与家庭支持越少、养老环境越差的老年人，运动参与的程度越低，身体机能退化也更加严重。研究认为需重点关注老年人的健康，首先，应给予老年人更多人际支持与家庭支持；其次，要加强老年人健康管理，鼓励老年人积极参与适宜的运动，延缓身体机能退化，保持愉悦的心理状态；最后，还需对运动环境进行适老化改造，帮助老年人提升参与运动的积极性。

表 4-44 是社区老年人健康与针对性运动服务结构方程模型路径、载荷系数估计结果。模型中，人力因素方面 A1 对应人力因素维度 Q7，A2 对应 Q8，A3 对应 Q9，A4 对应 Q10，A5 对应 Q11。从研究结果可知，A1“指导者积极地提供运动服务”与人力因素之间的标准化回归系数最大（β=0.552），A2“指导者在提供服务时与我进行充分沟通”与人力因素之间的标准化回归系数 β=0.447，A3“认为指导者是运动服务方面的专家”与人力因素之间的标准化系数 β=0.423，A4“指导者为我提供了充足的锻炼服务时间”与人力因素之间的标准化系数 β=0.306，A5“指导者提供对我的健康有益的运动服务”与人力因素之间的标准化系数 β=0.323。从人力因素因子来看，A1 对人力因素的影响最大，A4 对人力因素的影响最小。说明，在老年人看来，指导者积极地提供运动服务是决定人力因素最大的因素，而指导者为老年人提供充足的锻炼服务时间对于人力因素的影响因素最小。

模型中，设施因素方面 B1 对应设施因素维度 Q12，B2 对应 Q13，B3 对应 Q14，B4 对应 Q15，B5 对应 Q16，B6 对应 Q17。由表 4-44 可知，B1“运动设施的够现代化”与设施因素之间的标准化回归系数 β=0.426。B2“使用健身设施不会因故障而带来不便”与设施因素之间的标准化回归系数 β=0.423。B3“运动设施可随心调节运动服务强度”与设施因素之间的标准化回归系数 β=0.362。B4“运动设施配备各种便利设施”与设施因素之间的标准化回归系数 β=0.457。B5“运动设施离我家很近，出行很方便”与设施因素之间的标准化回归系数 β=0.356。B6“提供前往运动设施的交通服务”与设施因素之间的标准化回归系数 β=0.345。从设施因素因子来看，B4 对设施因素的影响最大，而 B6 对设施因素的影响最小。研究结果表明，在设施因素方面，运动设施配备的各种便利设施程度较其他设施因素影响更大，其次是运动设施的够现代化，再次是使用健身设施不会因故障而带来不便。在老年人看来，运动设施的配备及保障维修等方面比设施接近性方面更重要，而对于参加运动配备交通服务的情况较少，还需继续扩大该项服务的供给。

模型中，项目运营因素方面 C1 对应问卷中项目运营维度的 Q18，C2 对应 Q19，C3 对应 Q20，C4 对应 Q21，C5 对应 Q22，C6 对应 Q23。C1“运动项目忠实地反映了我想要的”与项目运营之间的标准化回归系数 β=0.315。C2“人们相信完成良好的锻炼计划会让您更健康”与项目运营之间的标准化回归系数 β=0.407。C3“锻炼计划以多种方式设计，以免枯燥乏味”与项目运营之间的标准化回归系数 β=0.318。C4“完成锻炼计划对我来说不是负担”与项目运营之间的标准化回归系数 β=0.516。C5“在参加锻炼计划的同时，与其他学员的关系也很融洽”与项目运营之间的标准化回归系数 β=0.331。C6“您可以和其他人一起完成锻炼计划，从中获得乐趣”与项目运营之间的标准化回归系数 β=0.344。结果表明，在项目运营因素方面，完成锻炼计划对老年人来讲不是负担这一因子对项目运营的影响最大。而运动计划忠实反映了个人想要的这一因子对项目运营的影响最小。说明，对于老年人来讲，在设计运动项目、制定锻炼计划时，若能充分考虑老年人的需求与体质状况，在很大程度上有助于老年人完成运动，并提高运动的积极性。而对于运动项目的设计，越符合老年人的生理及心理需求，越能提高老年人参加运动的兴趣及参与度。因此，在运动项目的选择上需要充分考虑老年人的实际需求，并提供更加个性化的运动服务。此外，“一对一”的运动服务，也可显著提升老年人参加运动的效果。

模型中，运动的频度和强度因素方面 D1 对应问卷中运动的频度和强度维度的 Q24，D2 对应 Q25，D3 对应 Q26，D4 对应 Q27。D1“1 次的运动量对我没有负担”与运动的频度和强度之间的标准化回归系数 β=0.302。D2“参加运动后，疲劳感比以前更大”与运动的频度和强度之间的标准化回归系数 β=0.511。D3“您一周必须参加的练习次数并不繁重”与运动的频度和强度之间的标准化回归系数 β=0.479。D4“我不想在一周内避免锻炼”与运动的频度和强度之间的标准化回归系数 β=0.386。结果显示，在运动的频度和强度因素方面，参加运动后，疲劳感比以前更大这一因子对运动的频度和强度的影响最大。而一次的运动量对个人没有负担这一因子对运动的频度和强度的影响因素最小。以上两个因子均是运动强度因素，其他两个因子是运动的频度因素。说明，在老年人看来，与运动的频度相比，运动强度对老年人的影响更大。运动强度的设计越合理，越符合老年人的身体状况，越能促进老年人运动的积极性。同样，运动的频度的设计越合理，越能促进老年人规律地参加运动，养成良好的运动习惯。

从表 4-44 可看出，身体健康与老年人自诊健康之间的标准化回归系数 β =0.617。

心理健康与老年人自诊健康之间的标准化系数 β=0.538。社会健康与老年人自诊健康之间的标准化系数 β=0.475。结果显示，在本研究中，身体健康因子对老年人健康的影响最大，其次是心理健康因子对老年人健康的影响，再次是社会健康因子对老年人健康的影响。说明公共体育服务政策的实施，对改善老年人身体健康的作用效应最大，其次是对改善老年人心理健康的作用效应。公共体育服务的实施对提升老年人社会健康的作用效应最小。

研究表明，运动对老年人健康有着显著影响，在健康状况中，体质健康是衡量老年人身体状况的客观标准，老年人对自身身体健康的关注度更加显性，而对自身心理健康和社会健康的关注意识更低。已有研究表明，老年人身体健康水平低下对老年人心理状态的影响甚大，并且因年龄增长和身体机能衰弱等原因，导致老年人减少出行频率，从而影响其社会认同与社会支持的获取。

众所周知，运动需长期处于烈日、风雨、霜雪等自然环境中，尤其是户外运动。而老年人参与运动不可避免的需要与自然环境抗争。研究发现，经常运动的人具备更大的勇气和毅力，并且能够克服畏惧、疲劳等主观因素。调查还发现，退休前职业是军人的老年人，其运动健康之间的相关系数显著高于其他职业的老年人，这与他们经常参加体能训练，在面对挫折与困难时有较强的承受能力息息相关。运动还被视为宣泄情绪、消除孤独的有效途径，并起到了社会安全阀的作用。因此，运动也是培养老年人耐受力与强大心理的有效手段。

运动的开展需要在社会环境中进行，这也促进人与人之间的接触和交流，对消除人们之间的隔阂起到了重要作用。调查发现，老年人在运动过程中会承担参与者、组织者、决策者、指导者等多种角色的转变，这些角色的互换也增加了老年人与他人的互动过程。社会交往理论认为，运动中与他人进行社会交往是令人愉悦的，具有改善心理健康和社会健康的作用。此外，在运动过程中强烈的自身参与感、与他人的竞争及频繁的人际交往，有利于老年人扩大并培养其社交能力，协调人际关系，增加社会群体对老年人的认同与支持。

李春华（2020）的研究指出，运动能直接作用于认知功能，也可通过血脂、血压等中介因素对认知功能产生影响。因此保证足够的运动量，可有效控制老年人的血脂和血压。此外，通过运动还可给予老年人有效的心理和社会支持，进而影响其健康水平。谷玉良（2018）的研究表明，老年人存在一定的身体照料和情感关怀需求，这也是影响老年人养老满意度不高的原因。从本研究中相关分析结果可知，健康因变量三个维度间具有显著的正相关关系，说明，老年人身体健康、心理健康和社会健康之间为相互促进的关系。因此，研究认为除体质健康水平外，老年人的情绪状态、社会接触与社会支持水平对老年人健康水平的影响极大。并且，长期有规律地参加运动，对老年人身体健康、心理健康及社会健康水平的提升有重要贡献，老年人也会随着坚持运动有效改善其健康水平。

表 4-44　路径、载荷系数估计结果表

路径	非标准化回归系数	S.E.	C.R.	*p*	标准化系数
人力因素→ A1	1.624	0.355	4.578	< 0.001	0.522
人力因素→ A2	1.470	0.333	4.416	< 0.001	0.447
人力因素→ A3	1.461	0.336	4.341	< 0.001	0.423
人力因素→ A4	1.033	0.274	3.766	< 0.001	0.306
人力因素→ A5	1	—	—	—	0.323
设施因素→ B1	1.281	0.266	4.818	< 0.001	0.426
设施因素→ B2	1.254	0.261	4.808	< 0.001	0.423
设施因素→ B3	1.074	0.240	4.484	< 0.001	0.362
设施因素→ B4	1.321	0.267	4.947	< 0.001	0.457
设施因素→ B5	1.001	0.225	4.447	< 0.001	0.356
设施因素→ B6	1	—	—	—	0.345
项目运营→ C1	0.919	0.220	4.181	< 0.001	0.315
项目运营→ C2	1.142	0.241	4.745	< 0.001	0.407
项目运营→ C3	0.938	0.223	4.199	< 0.001	0.318
项目运营→ C4	1.504	0.292	5.156	< 0.001	0.516
项目运营→ C5	0.966	0.225	4.296	< 0.001	0.331
项目运营→ C6	1				0.344
运动的频度和强度→ D1	0.786	0.208	3.783	< 0.001	0.302
运动的频度和强度→ D2	1.359	0.294	4.620	< 0.001	0.511
运动的频度和强度→ D3	1.189	0.259	4.592	< 0.001	0.479
运动的频度和强度→ D4	1				0.386
健康→身体健康	1				0.617

（续表）

路径	非标准化回归系数	S.E.	C.R.	*p*	标准化系数
健康→心理健康	0.716	0.077	9.267	< 0.001	0.538
健康→社会健康	0.544	0.065	8.396	< 0.001	0.475

◆第五章　结论

第一节　研究结果

总结本研究的检验结果。

第一，在实验后，实验组老年人与比较组老年人的健康水平存在显著差异 $p < 0.001$，其中身体健康（t=7.379，$p < 0.001$）、心理健康（t=6.704，$p < 0.001$）和社会健康（t=7.371，$p < 0.001$）之间均存在显著差异。此外，在实验后，实验组老年人身体健康、心理健康及社会健康水平均高于比较组老年人。

第二，在实验后，比较组老年人的健康水平有所提升，并且实验前后的健康状况存在显著差异（t=27.935，$p < 0.001$）。与实验前相比，实验后比较组老年人身体健康、心理健康及社会健康水平均有所提升，而且呈显著差异 $p < 0.001$。

第三，在实验后，实验组老年人的健康水平与实验前相比有所提升，而且实验前后实验组老年人的健康状况存在显著差异（t=60.418，$p < 0.001$）。与实验前相比，实验后实验组老年人身体健康、心理健康及社会健康水平均有所提升，而且均具有显著差异 $p < 0.001$。

第四，在公共体育服务政策实施后，实验组老年人的健康水平提升效果显著优于比较组老年人健康水平的提升。此外，在实验后，实验组老年人比比较组老年人在身体健康、心理健康和社会健康层面的提升效果更好，并具有显著性。

第五，公共体育服务政策中的人力因素、设施因素、项目运营和运动的强度和频度四个自变量之间存在显著正（+）相关关系，说明，公共体育服务政策中四个自变量存在密切关系，而且均有相互积极促进的作用。此外，老年人自诊健康中的身体健康、心理健康及社会健康三个因变量之间存在显著正（+）相关关系，说明老年人自诊健康中的三个因变量均有相互促进的显著效果。

第六，老年人自诊健康中的因变量身体健康与人力因素、设施因素、项目运营及运动的频度和强度之间呈显著正（+）相关关系（0.498，0.544，0.573，0.521），此外不同调节变量之间自变量与因变量身体健康的相关性具有不同结果。在阶层回归分析中，验证了自变量对身体健康（因变量）的影响差异的结果是，人力因素为26.4%，设施因素为13.4%，项目运营为23.5%，运动的频度和强度为21.1%。人口学变量和收入水平等其他调节变量对身体健康的影响差异性不显著。

第七，老年人自诊健康中的因变量心理健康与人力因素、设施因素、项目运营及运动的频度和强度四个自变量之间存在显著正(+)相关关系(0.492,0.490,0.516,0.417)，而不同调节变量之间自变量与因变量心理健康的相关性具有不同结果。在阶层回归分析中，验证了自变量对心理健康（因变量）的影响差异的结果是，人力因素为20.74%，设施因素为24.4%，项目运营为20.7%，运动的频度和强度为9.3%。此外，收入水平对心理健康的影响差异为7.6%，其他调节变量对心理健康的影响无统计学差异。

第八，老年人自诊健康中的因变量社会健康与人力因素、设施因素、项目运营及运动的频度和强度四个自变量之间存在显著正（+）相关关系（0.438，0.452，0.448，0.370），而且不同调节变量之间自变量与因变量心理健康的相关性具有不同结果。在阶层回归分析中，验证了自变量对社会健康（因变量）的影响差异的结果是，人力因素18.3%，设施因素21.4%，项目运营19.1%，运动的频度和强度对社会健康的影响无统计学差异。人口学因素、收入水平等其他调节变量对社会健康的影响也无统计学差异。

第九，老年人自诊健康受人力因素、设施因素、项目运营及运动的频度和强度的共同影响，而且具有统计学意义上的显著性。其中，公共运动服务中项目运营对老年人健康的作用效应最大（β=0.705），设施因素对老年人健康的作用效应（β=0.644）次之，人力因素对老年人健康的作用效应排第三（β=0.492），而运动的频度和强度对老年人健康的作用效应最小（β=0.401）。此外，身体健康因子对老年人健康的影响最大（β=0.617），心理健康因子对老年人健康的影响（β=0.538）次之，社会健康因子对老年人健康的影响（β=0.475）排第三。

上述研究结果表明，在公共体育服务政策的干预下，实验组老年人健康水平的提升效果比比较组老年人更显著，公共体育服务政策的实施对老年人健康状况的改善具有显著的积极效应。老年人因年龄的增长，身体机能和日常活动能力也将退化。而老年人身体机能下降，随之而来的则是孤独、抑郁及其他不良情绪的产生，这将会加重老年人心理功能障碍等问题的发生。此外，严重的身体机能退化及心理功能障碍也会造成老年人社会接触活动的减少，导致社会支持与获得感的缺失。老年人参加科学合理的运动，对于防范老年人因身体机能退化而引发的各类慢性病具有有效的缓解作用。而身体机能退化的有效缓解，对减缓老年人孤独、抑郁等负面情绪具有较好的效果。运动也是宣泄情绪的一种良好方式，这对维持老年人良好的情绪状态具有显著改善作用。并且通过参加针对性运动服务，可增加老年人的社会交往活动频度、扩大社交面，对老年人积极地参加社会活动有显著的促进作用，进而改善社会交往与社会支持水平。综上所述，公共体育服务中人力因素、设施因素、项目运要、运动的频度和强度对老年人的身体健康、心理健康及社会健康均发挥了积极的正向效应，而且人口学因素、收入水平等对老年人健康具有调节作用。运动的实施对老年人健康养老生活起到了重要的作用，公共体育服务政策的实施，对于有效促进健康老龄化、应对重度老龄化社会问题具有现实意义。

第二节　政策性建议

随着中国经济和科技的发展，目前较为主流的养老模式有：居家养老、社区养老、机构养老、医疗与养老结合以及智能养老五种模式。因为区域经济影响，智能养老中涉及的通过大数据、物联网、人工智能、网络神经学习等技术在吉安市养老中无法得到满足。

中国公共体育服务主要分为四个演进阶段：①政府主导与行政部门互补；②政府主导，市场与社会组织初步介入；③政府主导，多元参与；④政府主导，多元协同。我国老年人体育服务的演进特征为：①服务主体从单一到多元协同；②服务内容从薄弱到丰富；③服务方式从行政手段转向多元协同；④服务路径从外源客体转向内生主体。老年人体育服务模式的主要特色在于依靠老年人运动协会、基层社区老年人运动俱乐部以及老年大学三个老年人运动发展的内生主体来提供老年人运动服务。

通过实证分析测定了吉安市城市社区老年人参与运动的现状，并检验了促进老年人健康水平提升的有效运行方案，还考察了作为公共体育服务自变量的人力因素、设施因素、运动项目、运动的频度和强度的内部影响机制。基于这些研究成果，分别分析了公共体育服务实施政策促进老年人健康水平提升的意义。

对吉安市城市社区老年人体育的调查结果显示：老年人对公共体育服务需求的不存在统计学意义上的显著差异。与我国学者钟丽萍（2021）的研究结果相矛盾，其研究结果表明，不同人口学特征的老年人对体育服务需求不尽相同，经济收入、受教育程度和职业背景等因素都会影响城市社区老年人的体育服务需求。结构方程模型的分析显示，吉安市公共体育服务对老年人健康影响程度顺序依次是运动项目、设施因素、人力因素及运动的频度和强度。基于以上研究结论，本研究认为我国在政府、社区及个人层面还需做如下努力。

一、国家层面

吉安市城市社区老年人养老服务的管理主要由政府、社会及社区三方力量构成。吉安市城市社区老年人公共体育服务存在经费投入不足，适老性设施和体育活动的缺乏，社会体育指导员的匮乏等问题。因此，政府需在以下方面做出努力。

第一，统筹区域社会经济协调发展。江西省处于中国中部地区，吉安市处于江西省的中部地区，2022 年吉安市财政收入为 382.51 亿元，与中国东部发达地区财政收入水平相差甚远。在前文的研究中，老年人的经济水平对其心理健康具有显著影响，由此可见社会经济因素对老年人健康的改善作用显而易见。此外，吉安市本级财政缺乏养老方面的专项配套资金，养老资金均由中央或省级财政拨付。当前我国老年人健康水平存在东中西地域差异性，政府需优先考虑缩小区域社会经济差异，促进老年人健康水平的均衡发展。因此，国家和各级政府在制定老龄事业相关政策规划时，在充分考虑不同地域社会经济发展的基础上，对老年人生活质量较差的中西部地区，应给予一定程度的政策倾斜，帮助中西部地区缩小与东部地区的差距。

第二，制定差异化的老龄化政策。政府要积极鼓励不同地区结合自身发展条件，制定差异化的区域老龄政策，增强地区政策的有效性和针对性。同时，由于基本养老保险制度内生于经济体制，健康持续的经济增长不仅有利于企业提供更多的工作岗位，壮大基本养老保险基金规模，而且有助于增加企业利润和城镇在岗职工的平均工资水平，提高其缴纳保险费的能力。因此，在全面评估不同地区社会经济发展现状及问题的基础上，应着力统筹区域经济协调发展，加速中西部地区城镇化进程，实施地区支持性优惠政策，改革与完善经济体制与社会养老保险制度，为提升健康老龄生活提供政策扶持。

第三，保障老龄化事业的“兜底”支持。中国即将进入重度老龄化社会，老年人作为失能高发群体，具有收入低下、经济承受能力弱的特点，这一情况随着重度老龄化的到来只会更加严峻。然而无论是医疗费用还是护理费用都需要一定的经济能力作为支撑，因此老年人对老年照护资源的需求也会更加突出和迫切，尤其是高龄老年人。虽然社会救助制度坚持托底线、救急难、可持续的原则，但是中国长久以来巨大的城乡差异，以及体制性分割造成的历史遗留问题，会对我国老年社会救助事业的发展产生巨大影响。吉安市养老事业也存在非常严重的城乡差异，很多村级养老服务中心因缺少财政“兜底”支持，面临关闭的结果。此外，因权责不明确，养老法律制度不健全，也导致公办或民营养老机构的运行机制不顺畅。因此政府应尽到责无旁贷的“兜底”责任，并完善养老法律法规，以保障好老年人和社区养老服务中心、养老机构的合法权益。同时，要充分调动社会各界人士，尤其是民营企业的参与性和积极性，争取更多的社会资本投入到养老事业中。

第四，加强社会体育指导员的培养。吉安市目前公益社会体育指导员人数仅有10412人（统计数据截至2022年12月31日），而国家级社会体育指导员资源则更加匮乏，每年增长不足10人。其中，有大量的社会体育指导员是学校体育教师和其他事业单位爱好体育运动的人士，这两类人群无法保障经常性的参与社会体育指导。政府在培养社会体育指导员之前，应充分调研不同县域运动开展的差异性，根据不同区域开展运动的情况，从社区运动团体中发现“运动领袖”，量身定制社会体育指导员的培养，使其能根据环境特点和老年人的运动需求为老年人提供个性化服务。此外，老年人是抑郁、孤独等心理问题的高发群体，在进行社会体育指导员培训时，应加强心理学知识的培训。可通过讲座、案例教学等方式帮助其提升谈心谈话技巧、倾听及共情能力，以便更好地服务老年人。

第五，完善运动场馆及运动设施的建设。调查发现，社区运动设施呈现适老性不强、趣味性和互动性不足的问题，以及运动场馆距居民生活圈较远的情况。政府在建设运动场馆时往往是采用“自上而下”的方式来进行建设，导致很多运动场馆兴建后，仅具有承载专业运动竞赛的功能，而无法满足居民日常的健身运动。因此，政府应转变思路，结合“自下而上”的政策制定方式来研究运动场馆和运动设施的建设。在调查中还发现，出行便利因素对老年人参与运动的积极性有影响，故政府在运动场馆和运动设施的建设时，应充分考虑区域性的需求，利用老旧小区周边空地区域打造形成“十分钟健身圈”，有效满足老年人参与运动的设施便利性因素。在运动设施的选用上，应充分考虑老年人的身体条件和心理条件，可增加智能化设施的投入使用，并且在设施的选材上可以充分考虑色彩鲜艳的器材，赋予运动器材生机和活力，以此增加老年人参与运动的意愿。

二、社区层面

社区养老是以老年群体的家庭为核心，以社区为依托，搭建养老服务平台，以上门服务为主、托老服务为辅，为老年人提供家政服务、生活护理、日间照料、精神慰藉的居家养老服务模式。因此，本研究认为社区在做好养老服务方面应从以下三方面努力。

第一，加快构建体育与养老融合养老模式。老年群体是社会群体中社会经济地位、身体健康、心理健康及行动能力较为特殊的人群，一方面，社区养老可使老年人在行动不便阶段同时享受家庭及社会的人文关怀，必要时可及时获取社区提供的保健服务和生活照料。另一方面，运动介入社区养老，可大大提升老年人的体质健康水平，可节省部分医疗费用支出，大幅度的减少老年人挤占医疗资源的情况，实现医疗资源的合理有效配置。本研究发现在努力扩大、改善老年人社会支持与地位的同时，倡导他们积极参与运动，对提高老年人健康老龄化生活质量至关重要。因此构建社区体育与养老融合养老模式有其合理性和必要性。体育与养老融合养老模式就是通过整合社区运动俱乐部、社区日间照料中心、居家养老机构等场所、设备、技术和人员方面的服务要素，根据社区老年人个性化养老服务的需求，提供健康养老的促进方式。

第二，推进智慧社区养老服务体系建设。江西省数字政府建设三年行动计划（2022—2024）提出要探索构建社区智慧服务体系，完成社区基础设施数字化、智能化改造，打造数字化社区便民服务中心，推行政务服务社区“就近办”“自主办”和“一窗式”集成服务，实现便民服务更加智能、政务服务更加便捷、社区治理更加高效。创新社区治理线上线下融合模式，推进社区治理共建共治共享。到 2024 年，建成 20 个高品质智慧社区。智慧社区养老服务体系是依托社区数据中心平台，通过云计算、大数据、移动互联网和物联网等信息技术，整合社区内的政府机构、企业、社会组织、老年人及其家属信息，将养老服务提供者、组织者及需求者有机结合，通过数据中心获取老年人的需求信息，安排养老服务提供者上门服务，记录服务过程、监督服务质量、反馈服务意见，为老年人提供线上线下专业化的医疗、保健、康复、护理等数字化服务。通过构建智慧社区养老服务体系，可帮助老年人及其家属利用现代化信息技术参与社区服务与管理。可使老年人方便快捷的享受社区提供的运动服务、健康管理、精神慰藉和生活照料等服务，进而提高老年人的整体生活质量。

第三，加强社区尊老、爱老文明建设。在调查中发现，老年人除了需要在家庭中获取子女的支持外，也需要获取社会对其作用和地位的肯定。刘晶（2005）的研究指出，老年人希望自身被看成是知识、经验、智慧的象征，在各种场合受到人们的尊敬，而不是怜悯。首先，社区可通过各类传媒渠道加大对敬老爱老的宣传，借助中国传统节日，如春节和重阳节等组织主题活动。其次，继续推广“庐陵好家风”“少年家风说”等活动，组织社区更多年轻人和社会各界参与到活动中，营造敬老爱老的社区环境，树立敬老爱老的良好风尚。再次，老年人因自身局限性，社会交往减弱，产生社交隔离，进而引发不良情绪，大大降低老年人心理及社会健康水平。因此，社区应发挥主体作用，建立不同的运动社团，通过组织社团活动增进老年人之间的交流，提升社交频率，并改善社会健康水平。此外，社区还应通过上门走访、慰问老年人等活动，使老年人感受到社会的关心，消除与社会的隔阂，提升他们的安全感、认同感和幸福感。

三、个人层面

客观条件对于提高老年人的健康水平至关重要，然而这些保障措施仅是外在因素，内外因结合才能从本质上改善老年人的健康状况，提升其老龄化生活质量。因此本研究从以下方面提出具体建议。

第一，重视教育对提升老年人健康的促进作用。本研究在对老年人健康分析过程中发现，老年人受教育的程度对增强健康意识及提高运动积极性有重要作用，并且对老年人的健康水平具有调节作用。因此提高老年人的受教育程度是改善其健康老年生活的有效途径。尽管老年人的受教育程度已经确定，并且已成为一种不可改变的事实，但从人的整个生命周期来看，现在的老年人相比未来而言依旧属于“年轻人”，若能从现在开始实施教育干预，同样可以大大改变老年人的健康意识和行为。此外，学习可以是一种终生行为，老年人可以通过参加老年大学或自学等方式获取新的知识。李翔（2020）的研究表明，继续教育或自学方式同样可以改变老年人的健康行为方式，进而提升晚年生活质量水平。受教育水平高的人具备更高的认知能力和适应能力，健康知识更为丰富，倾向于选择更健康的生活方式（如减少吸烟、饮酒，增加锻炼等）。因此，在日常生活中，要鼓励老年人通过多种途径接受再教育，如参加老年大学、健康知识讲座等方式提高他们的受教育程度，本研究健康干预的重点应在鼓励老年人养成良好的健康行为习惯，预防或减少疾病的发生。

第二，鼓励老年人积极参与运动。研究结果显示，公共运动服务的实施对老年人身体健康改变的效应最大，其次是心理健康，最后是社会健康，并且均具有显著性。Akbaraly et al.（2009）的研究表明，经常参加运动可以改善老年人的认知功能，降低认知损伤并预防阿尔兹海默病。Doi et al.（2015）认为运动项目类型不同，对老年人认知功能的影响不同。休闲类运动（如散步、有氧运动、瑜伽、太极拳）可促进老年人血液循环、降低心脑血管疾病患病率，有效降低认知损伤，提升老年人的健康水平。而非社会接触的活动（如看电视、玩手机、上网）会降低老年人参与社交活动的频次，导致社会支持感的缺失。因此，在日常生活中，老年人在身体条件允许的情况下，应结合自身喜好，积极参与运动。一方面，可通过运动提升自身的身体健康水平；另一方面，在运动过程中增加人际交流，排解不良情绪，以保障心理健康水平。此外，通过增加社交频率获取更多的社会认可与社会支持，以提升社会健康水平，进而促进老年人形成积极老化观，提升健康养老生活的质量。

基于前文公共运动服务对老年人健康的评价结果，本研究从国家政策层面、社区层 面、个人层面提出改善老年人健康的对策建议。国家政策面从经济发展和社会保障角度建议统筹区域社会经济协调发展，建立多功能的现代化运动设施，逐步推进基本养老保险全国统筹，建立和完善老年社会救助体系。社区层面着眼于加强社区服务功能，构建智慧社区养老服务体系，营造敬老养老助老的社区环境。个人层面鼓励老年人积极参与运动并重视教育对提高健康的促进作用。

第三节 研究的局限性

本研究存在一定的实证分析的局限性，第一，本研究使用的数据是根据受访者对自身健康的主观感受采集得来的，老年人体质健康方面的各项指标相对来讲不够精准。在今后的研究中，将在运动服务方面加入运动生理学方面的评价手段，加以有效控制；在老年人身体健康方面加入体质测量指标，以便衡量老年人体质状况，增强运动服务的针对性和有效性。

第二，老年人的心理健康状况可能存在不准确性。虽然在问卷的设计中关于心理健康方面涉及正向和负向情绪的评估，但是对老年人心理层面的诠释力度还不够，并且由于调查的问询方式、老年人自身性格等因素，问卷结果与老年人真实心理健康状况有一定出入。在今后的研究中，将加入利用便携式生物传感器、人工神经网络等新技术获取多源数据，以避免霍桑效应的产生。

第三，在本研究中，针对性运动服务干预的时间仅 3 个月，对于实验组老年人健康水平变化的数据采集不够充分，而且对比较组老年人的观察时间也较长，可能因为时间原因，老年人的健康变化不明显。在今后的研究中，将延长针对性运动服务干预的时间，按 6 个月、9 个月、1 年、1 年半、2 年的时间节点充分采集老年人健康变化的样本，以获取更有效的研究内容。

◆参考文献

一、中文书籍

[1]（西汉）戴圣．礼记·王制 [M]. 胡生平，张萌，译注．北京：中华书局，2017.

[2] 世界卫生组织，渥太华宪章．健康教育健康促进重要文件选编．北京：中国人口出版社，1998：12-15.

[3] 杨桦．迈向体育强国的制度框架和思想基础 [M]. 北京：学习出版社，2012：211.

[4] 吴建南．公共管理研究方法导论 [M]. 北京：科学出版社，2006：267-278.

[5] 俞可平．全球化：全球治理 [M]. 北京：社会科学文献出版社，2003：159.

[6] 钱宁．社区建设中的社会工作探索 [M]. 昆明：云南民族出版社，2002：58.

[7] 陈庆云．公共政策分析 [M]. 北京：北京大学出版社，2006：138.

[8][英] 苏珊·特斯特．老年人社区照顾的跨国比较 [M]. 周向红，张小明，译．北京：中国社会出版社．

二、中文文献

[1] 高亮，王家宏．健身气功锻炼对不同健康程度老年人身体自尊改善效果的研究 [J]. 山东体育学院学报，2016，32（3）：63-67.

[2] 高淑青，张连成， 王钰．身体锻炼对中老年人空间定向能力的影响：来自 P300 的证据 [J]. 中国体育科技，2016，52（4）：59-62.

[3] 高淑青，毛志雄．身体锻炼与基本心理能力老化的因果探讨 [J]. 中国运动医学杂志，2016，35（12）：1140-1147.

[4] 高和荣．家庭养老概念再探析 [J]. 西北人口，2002（4）：45-47.

[5] 曲嘉瑶，孙陆军．中国老年人的居住安排与变化：2000—2006[J]. 人口学刊，2011（2）：40-45.

[6] 曲玉新 . 我国国有企业改革历程及其经验启示 [J]. 社会科学前沿，2023，12：883.

[7] 曲天敏，苏浩 . 体育锻炼对老年人心理健康的影响 [J]. 中国老年学杂志，2017，37（16）：4164-4165.

[8] 陶涛，李龙 . 城市老年人闲暇时间安排及对健康的影响 [J]. 人口学刊，2016（3）：58-66.

[9] 杜旻 . 社会支持对老年人心理健康的影响研究 [J]. 人口与社会，2017，33（4）：12-19.

[10] 窦正毅，李翠霞 . 南宁市部分社区老年人体育锻炼与健康自评情况及其关系研究 [J]. 体育科技，2021，42（3）：77-78.

[11] 邓楠 . 全媒体背景下老年社交圈层化研究 [J]. 收藏，2019，1.

[12] 邓云龙，阳中华，陈向一 . 社会支持和家庭功能与老年人主观幸福感的相关性 [J]. 中国老年学杂志，2012，32（16）：3501-3503.

[13] 罗彤彤，乐传永 . 论老年教育支持服务体系的构建——基于社会支持理论 [J]. 中国成人教育，2015，2：8-11.

[14] 兰海峰，冯建忠，吴冬冬，蔡静婷， 赵自平 . 社区运动干预对老年骨质疏松性骨折的影响 [J/OL]. 中华关节外科杂志（电子版），2017，11（2）：94-97.

[15] 梁爽，周敏，周橙旻，朱剑刚 . 基于文献研究的中国现有养老服务模式及发展 [J]. 包装工程（艺术版），2022，43（22）：408-417.

[16] 梁占歌，汪美芳 . 太极拳与广场舞锻炼对中老年女性下肢肌力与平衡能力的影响 [J]. 中国运动医学杂志，2020，39（4）：307-311.

[17] 陆杰华，李月，郑冰 . 中国大陆老年人社会参与和自评健康相互影响关系的实证分析——基于 CLHLS 数据的检验 [J]. 人口研究，2017，41（1）：15.

[18] 陆小香 . 身心功能活化运动对社区和养老机构老年人健康的促进作用 [J]. 中国老年学杂志，2017，12（37）：5956-5959.

[19] 李建新，刘保中 . 健康变化对中国老年人自评生活质量的影响 [J]. 人口与经济，2015（6）.

[20] 李德明，陈天勇，李海峰 . 中国社区为老服务及其对老年人生活满意度的影响 [J]. 中国老年学杂志，2009，29（19）：2513-2515.

[21] 李丽君 . 渐进式抗阻运动对养老机构衰弱老年人的影响 [J]. 护理学杂志，

2022，37（22）：90-93.

[22] 李芳，王秀红，汪俊华，蒋芝月，邓开盛，傅洪梅，张婕．贵阳市老年人体育锻炼与健康自评的相关性 [J]. 贵州医科大学学报，2018，43（3）：299-304.

[23] 李月红，周娟．广场舞运动对 60—65 岁女性老年人心肺功能影响的实验研究 [J]. 渭南师范学院学报，2018，33（12）：93-97.

[24] 李贝，张屹立．健康及相关因素对广东省高校离退休老年人生活质量的影响 [J]. 医学与社会，2015，28（8）：71-73.

[25] 林顺利，孟亚男．国内弱势群体社会支持研究述评 [J]. 甘肃社会科学，2010，（1）：132-135.

[26] 马文静，郑晓冬，方向明．社区养老服务对老年人生活满意度的影响——基于健康水平与闲暇活动的中介效应分析 [J]. 华南理工大学学报（社会科学版），2019，21（1）：94-107.

[27] 孟令男．社区太极拳运动对空巢老人幸福指数的提升研究 [J]. 收藏，2019，4.

[28] 常佳，王莎莎，李爱娇，等．体育锻炼对老年人心理健康的影响［J］．中国老年学杂志，2018，38（5）：1133-1135.

[29] 徐涛，毛志雄．东北秧歌锻炼与老年人自尊、生活满意感和心境的关系 [J]. 北京体育大学学报，2013（10）：82-87.

[30] 徐延辉，黄云凌．城市低收入居民的幸福感及其影响因素研究 [J]. 经济社会体制比较，2013，（4）：158-168.

[31] 关宏．浅析体育产业与养老产业融合态势测度与评价——以陕西为例 [J]. 收藏，2019，2：111-112.

[32] 宋和平．公共体育服务与养老服务业的融合发展 [J]. 渭南师范学院学报，2020，35（11）：35-40.

[33] 申晋波，张林．70 岁以上老年人体育锻炼与健康体适能相关性研究 [J]. 体育科研，2020，41（6）.

[34] 杨林川，朱庆．建成环境对老年人出行行为影响的空间异质性 [J]. 西南交通大学学报，2023，58（3）.

[35] 吴墨源，黄婷红．城市空巢老人心理健康状况元分析 [J]. 中国老年学杂志，2019，39（7）：1755-1757.

[36] 吴敏 . 多元治理背景下我国体育场地管理困境和破解路径 [J]. 体育科学，2022，（504）：103-105.

[37] 吴燕，李幸，李彦章 . 老年人主观幸福感和行为抑制激活系统的关系 [J]. 中华行为医学与脑科学杂志，2014，23（12）：1111-1114.

[38] 吴喻，张兰凤，陈建群，严学峰 . 高龄居家老人能力现状及影响因素分析 [J]. 实用临床医药杂志，2021，25（16）：120-124.

[39] 伍朝明，孙君志 . 下肢抗阻训练对老人步行能力及平衡能力影响的 Meta 分析 [J]. 中国组织工程研究，2021，25（26）：4257.

[40] 温海红，王怡欢 . 居家社区养老服务质量及其影响因素分析——基于陕西省三市调查数据 [J]. 河北大学学报（哲学社会科学版），2019，44（2）：139.

[41] 王轲 . 居家养老概念辨析 [J]. 新西部，2018：23.

[42] 王奎，李启明 . 子女代际支持与老年人心理健康的关系：自我老化态度和社会活动参与的中介作用 [J]. 西南交通大学学报（社会科学版），2021，22（3）：82-92.

[43] 王涛，高亮．健身气功锻炼对老年人心境状态影响的调查研究［J］．武汉体育学院学报，2013，47（8）：59-62.

[44] 王丽 . 人口老龄化背景下我国养老模式的思考 [J]. 当代经济管理，2012，34（4）：52-55.

[45] 王丽岩，冯宁，王洪彪，陈梦飞，路超凡，王丽静 . 中老年人邻里建成环境的感知与体力活动的关系 [J]. 沈阳体育学院学报，2017，36（2）：67-71.

[46] 王延中，龙玉其 . 我国养老服务体系建设的进展、问题与对策 [J]，中国浦东干部学院学报，2018，12（2）.

[47] 王英蓉，朱翠凤，卞苏环．健康促进生活方式及研究进展 [J]．中华护理教育，2010，7（07）：328-330.

[48] 王涤，周少雄 . 中国孝道文化的时代演进及其老年学意义 [J]. 市场与人口分析，2003，9（1）：67-71.

[49] 于大川，李培祥，李佳 . 社会支持如何影响老年人的身心健康 ?——基于 CLHLS 2018 年数据的实证分析 [J]. 老龄科学研究，2020，8（12）：33-47.

[50] 张健，张建华，田汜明 . 中老年人运动流畅心理状态 [J]. 中国老年学杂志，2016，36（2）：432-434.

[51] 张建，范利 . 老年医学（第 2 版）[M]. 北京：人民卫生出版社，2014：26-28.
[52] 张立敏，查圣祥 . 体育锻炼对老年人执行功能的影响：多重中介模型的检验 [J]. 体育与科学，2017（4）：94-102.
[53] 张明锁，韩江风 . 责任分配视角下家庭养老概念的重新解读 [J]. 华北水利水电大学学报（社会科学版），2017，33（4）：71-75.
[54] 张鹏 . 体力活动与中老年人功能健康 [J]. 体育科研，2011，32（1）：51-56.
[55] 张川骎，李宁，张忆雄，马佳，李黎，冉文亮，李小平 . 不同养老模式下老年人生活质量与信息查询行为相关性分析 [J]. 中华医学图书情报杂志，2014，（7）：55-58.
[56] 郑登云 . 中国高等教育史 [M]. 上海：华东师范大学出版社，1994.
[57] 程翔宇 . "社区为依托" 的养老服务有效吗——基于老年人生活质量的检验 [J]. 社会保障研究，2019（3）：25-32.
[58] 郑秀云，冯夕芸，樊霞 . 我国中老年人养老意愿及其影响因素的研究进展 [J]. 延安大学学报（医学科学版），2022，20（1）：81-84.
[59] 钟英文，杨红旗 . 建构与维系：老年人公园聚会的功能研究 [J]. 收藏，2019，1.
[60] 钟晓利，王佰川，张群 . 空巢老人心理健康状况调查及对策 [J]. 中国老年学杂志，2021，41（12）：5129-5132.
[61] 朱建明 . 弹力带抗阻力训练对老年人体成分、力量及身体活动能力的影响研究 [D]. 上海体育学院，2018.
[62] 周红云，陈晓华，董叶 . 社区居家养老服务对城市老年人健康的影响 [J]. 统计与决策，2018（17）：98-101.
[63] 陈敏辉 . 社交活动对老年人健康的影响——基于城乡差异的视角 [J]. 收藏，2019，29.
[64] 陈成文，潘泽泉 . 论社会支持的社会学意义 [J]. 湖南师范大学社会科学学报，2000，6（6）：25-30.
[65] 陈煜斓 . 传承家族文化与践行社会主义核心价值观 [J]. 湖北工程学院学报，2020，40（2）：23-30.
[66] 彭希哲，胡湛 . 公共政策视角下的中国人口老龄化 [J]. 中国社会科学，2011，3（1）：121-138.
[67] 冯珺，肖淑红 . 产业融合视角下的体养融合研究：概念，作用与发展现状 [N].

北京体育大学学报，2020，43（12）：58-70.
[68] 何秀丽. 老龄化背景下公共体育服务进入居家养老服务的困境研究. 北京体育大学. 2019：89.
[69] 韩松. 人口老龄化背景下我国体育产业与养老产业融合发展研究 [D]. 北京体育大学，2018：152.
[70] 叶宋忠，仇军 . 老龄化背景下养老产业与体育产业融合发展研究 [J]. 西安体育学院学报，2019，36（4）：410-414.
[71] 叶宋忠 . 体育产业与养老产业的互动机制与融合过程 [J]. 西安体育学院学报，2017，34（4）：442-446.
[72] 叶宋忠 . 体育产业与养老产业融合发展协调度评价研究——以我国东部地区 11 个省市为例 [J]. 成都体育学院学报，2019，45（2）：62-69.

三、外文文献

[1]Agnieszka Sowa，Beata Tobiasz-Adamczyk，Roman Topór-Mądry ，Andrea Poscia, Daniele Ignazio la Milia. Predictors of healthy ageing：public health policy targets[J]. BMC Health Services Research，2016，16（Supp 15）：pp.441-453.
[2]Alma，M. A.，Van der Mei，S. F.，Groothoff，J. W.，Suurmeijer，T. P.. Determinants of social participation of visually impaired older adults[J]. Quality of Life Research，2012，21：87-97.
[3]Ansoff H. I. An Analytic Approach to Business Policy for Growth and Expansion[G]. Corporate strategy.New York：McGraw-Hill，1965：23.
[4]Arrieta H.，Rezola C.，Zarrazquin I.. A Multicomponent Exercise Program Improves Physical Function in Long-Term Nursing Home Residents：A Randomized Controlled Trial[J]. Experimental Gerontology，2018，103：94-100.
[5]Australian Bureau of Statistics. Measuring Wellbeing：Frameworks for Australian Social Statistics. Canberra：Australian Government Printing Service，2001：56-58.
[6]Bjorkgren. American Community pension management approach Performance Evaluation. 2009.

[7]Blair S. N., Kohl H. W., Paffenbarger R. S.. Physical fitness and all-cause mortality[J]. A prospective study of healthy men and women.JAMA., 1989, 262：395-401.

[8]Cameron, H.. Policy priorities for seniors and sport in Germany and the UK[J], Journal of Aging and Physical Activity, 2004, 12（3）：287-287.

[9]Cicuttini, F. M., Spector, T. D.. Evidence for the increasing prevalance of osteoarthritis with ageing：does this pertain to the oldest old?[J]. In Osteoarthritis. Public health impact in an aging population, 1997： 49-62.

[10]Elaine O' Brien. Move 2 Love and Vibrancy：Community Dance/Fitness[J]. Women & Therapy, 2008, 39：171–185.

[11]Franklin B. A., Lavie C. J., Squires R. W.. Exercise-Based Cardiac Rehabilitation and Improvements in Cardiorespiratory Fitness：Implications Regarding Patient Benefit[J]. Mayo Clinic Proceedings, 2013, 88（5）：431-437.

[12]Janine Partington Mick Totten. Community sports projects and effective community empowerment：a case study in Rochdale[J]. Managing Leisure, 2012, 17：29–46.

[13]Kooreman. Dutch pension institutions to conduct research community[J]. 2011.

[14]McKenzie J.F., Smeltzer J.L.. Health promotion programs（3rd Ed）[M]. Boston：Allyn and Bacon, 2001：55-67.

[15]Nicola Bolton, Scott Fleming, Bernadette Elias. The experience of community sport development：a case study of Blaenau Gwent[J]. Managing Leisure, 2008, 13（2）：92-103.

[16]Nishiguchi S., Yamada M., Tanigawa T. A 12-Week Physical and Cognitive Exercise Program Can Improve Cognitive Function and Neural Efficiency in Community-Dwelling Older Adults：A Randomized Controlled Trial[J]. J Am Geriatr Soc, 2015, 63（7）：1355-1363.

[17]Oliveira, Naiane Teixeira, Bastos De.. Effectiveness of the Pilates method versus aerobic exercises in the treatment of older adults with chronic low back pain：a randomized controlled trial protocol[J]. BMC Musculoskeletal Disorders, 2019, 20（1）：250.

[18]Ozcan. American elderly health policy evaluation and analysis[J]. 2010.

[19]Phu S.，Boersma D.，Duque G.. Exercise and Sarcopenia[J]. J Clin Densitom，2015，18（4）：488-492.

[20]Rapley M. Quality of Life Research：A Critical Introduction. London：Sage，2003：43-45.

[21]Soysal，P.，Veronese，N.，Thompson，T.，Kahl，K. G.，Fernandes，B. S.，Prina，A. M.，... Stubbs，B. Relationship between depression and frailty in older adults：a systematic review and meta-analysis[J]. Ageing research reviews，2017，36：78-87.

[22]Stmnpf S.. When One Can Speak of Synergy：Concept Analysis[G]. Group Dynamic，1999：191-206.

[23]Tannahill，A.What is health promotion[J]. Health education journal，1985：167-168.

[24]Whiteley P.，Clarke H. D.，Sanders D.，Stewart M. C.. Government performance and life satisfaction in contemporary Britain[J]. The Journal of Politics，2010：733-746.

[25]WHO.World Health Organization Constitution（Basic Documents）. Geneva：World Health Organization，1948.

[26]WHO. Strengthening Mental Health Promotion（Fact Sheet，NO. 220）. Geneva：World Health Organization, 2001.

[27]Wójcicki T. R.，Fanning J.，Awick E. A.. Maintenance Effects of a DVD-Delivered Exercise Intervention on Physical Function in Older Adults[J]. The Journals of Gerontology，2015，70（6）：785-789.

[28]Yeun，Y. R.. Effectiveness of resistance exercise using elastic bands on flexibility and balance among the elderly people living in the community：a systematic review and meta-analysis[J]. Journal of physical therapy science，2017，29（9）：1695-1699.

四、政策文件

[1] 民政部 .2021 年民政事业发展统计报 .2022. 中华人民共和国民政部网 https：//www.mca.gov.cn/images3/www2017/file/202208/2021mzsyfztjgb.pdf

[2] 中共中央　国务院 .“健康中国 2030”规划纲要 .2016-10-25. 中国政府网 https：//www.gov.cn/zhengce/2016-10/25/content_5124174.htm?eqid=8f41987b002a7e4a000000026471aa44

[3] 中华人民共和国中央人民政府 . 中共中央　国务院印发《国家积极应对人口老龄化中长期规划》. 中国政府网 https：//www.gov.cn/zhengce/2019-11/21/content_5454347.htm

[4] 中华人民共和国中央人民政府 . 关于印发《“十四五”健康老龄化规划》的通知 .2022-02-07. 中国政府网 https：//www.gov.cn/zhengce/zhengceku/2022-03/01/content_5676342.htm

[5] 吉安市人民政府办公室 . 吉安市人民政府办公室关于印发《吉安市“十四五”养老服务体系建设规划》的通知 .2022-07-13 . 吉安市人民政府网 https：//www.jian.gov.cn/xxgk-show-10216176.html

[6] 江西省人民政府办公厅 . 江西省人民政府办公厅关于调整最低工资标准的通知 .2021-01-21. 江西省人民政府网 http：//www.jiangxi.gov.cn/art/2021/1/28/art_4969_3104113.html

[7] 江西省人民政府办公厅 . 江西省人民政府办公厅关于加强全民健身场地设施建设发展群众体育的实施意见 .2021-07-14. 江西省人民政府网 http：//www.jiangxi.gov.cn/art/2021/7/22/art_4969_3489033.html

[8] 唐红丽 . 中国计划实施老年健康促进行动［OL］.2019-07-30. 中国社会科学网 https：//www.cssn.cn/skgz/bwyc/202209/t20220920_5531588.shtml

◆附录

1.《社区老年人公共体育服务需求调查问卷》（全部对象）

感谢您在百忙之中填写《社区老年人公共体育服务需求调查问卷》，问卷中所填信息仅做研究使用，不会用于其他方面，请放心填写。请在符合您真实情况的选项前打“√”。问卷中的每个选项从“非常不同意”到“非常同意”采用1—5分制评分，请根据实际情况做出适当选择。

第一部分：

1. 您的性别

①男　②女

2. 您的年龄

① 60—64岁　② 65—69岁　③ 70—74岁　④ 75—79岁　⑤ 80岁及以上

3. 您受教育的程度

①初中及以下　②高中或中专　③大学专科　④大学本科　⑤研究生及以上

4. 您退休前从事的职业是

①工人　②农民　③教师　④公务员　⑤军人

⑥医务人员　⑦商人　⑧其他_____

5. 您目前的收入情况

① 1000元及以下　② 1001—2000元　③ 2001—3000元

④ 3001—4000元　⑤ 4000元以上

6. 您经常参加的运动是？请在相应内容下面打“√”（最多可选三项）。

项目	快走	乒乓球	羽毛球	篮球	健身气功	门球	游泳	登山
选择								
项目	慢跑	柔力球	舞蹈类	太极	气排球	毽球	棋牌	其他
选择								

7. 您是否愿意接受针对性运动服务？

① 是　　② 否

第二部分：

以下是确认您现在的健康状况——身体、心理和社会健康状况的问题。请在最同意的选项上打“√”。

序号	问 题	非常不同意 ←→ 非常同意				
8	您觉得最近食欲增加了吗？	①	②	③	④	⑤
9	您觉得最近消化好吗？	①	②	③	④	⑤
10	您最近觉得睡眠质量没有问题吗？	①	②	③	④	⑤
11	您最近很容易感到疲劳吗？	①	②	③	④	⑤
12	您最近洗漱时，有没有不便之处？	①	②	③	④	⑤
13	您最近做家务时，有没有不便之处？	①	②	③	④	⑤
14	您最近外出时，有没有不便之处？	①	②	③	④	⑤
15	您最近穿衣、脱衣时，有没有不便之处？	①	②	③	④	⑤
16	您最近爬楼梯时，有没有不便之处？	①	②	③	④	⑤
17	您最近走 1 千米，有没有不便之处？	①	②	③	④	⑤
18	您对现在的日常生活满意吗？	①	②	③	④	⑤
19	您对未来乐观吗？	①	②	③	④	⑤
20	日常生活中，您自信吗？	①	②	③	④	⑤
21	您现在觉得很幸福吗？	①	②	③	④	⑤
22	您觉得情绪稳定吗？	①	②	③	④	⑤
23	您现在觉得忧郁吗？	①	②	③	④	⑤
24	您觉得自己处于心理不安的状态吗？	①	②	③	④	⑤
25	您觉得对自己的生活充满热情吗？	①	②	③	④	⑤
26	您的家庭和睦吗？	①	②	③	④	⑤
27	您经常和同事、邻居交流吗？	①	②	③	④	⑤
28	您和别人分享悲伤和喜悦吗？	①	②	③	④	⑤
29	您经常参加社交聚会吗？	①	②	③	④	⑤
30	您在任何事情上都会和别人合作吗？	①	②	③	④	⑤
31	您能处理好交给自己的工作（任务）吗？	①	②	③	④	⑤
32	您会积极地和朋友对话吗？	①	②	③	④	⑤

2.《社区老年人健康自我诊断评估调查问卷》（以运动参与者为对象）

感谢您在百忙之中填写《社区老年人健康自我诊断评估调查问卷》，问卷中所填信息仅做研究使用，不会用于其他方面，请放心填写。请在符合您真实情况的选项前打“√”。问卷中的每个选项从“非常不同意”到“非常同意”采用1—5分制评分，请根据实际情况做出适当选择。

第一部分：

1. 您的性别

①男　②女

2. 您的年龄

① 60—64岁　② 65—69岁　③ 70—74岁　④ 75—79岁　⑤ 80岁及以上

3. 您受教育的程度

①初中及以下　②高中或中专　③大学专科　④大学本科　⑤研究生及以上

4. 您退休前从事的职业是

①工人　②农民　③教师　④公务员　⑤军人

⑥医务人员　⑦商人　⑧其他_____

5. 您目前的收入情况

① 1000元及以下　② 1001—2000元　③ 2001—3000元

④ 3001—4000元　⑤ 4000元以上

6. 您经常参与的运动是？请在相应内容下面打“√”（最多可选三项）。

项目	快走	乒乓球	羽毛球	篮球	健身气功	门球	游泳	登山
选择								
项目	慢跑	柔力球	舞蹈类	太极	气排球	毽球	棋牌	其他
选择								

第二部分：

以下是为了确认您对目前参与的运动服务的整体满意度的问题。请在最同意的选项上“√”。

序号	问题	非常不同意←→非常同意				
7	指导者积极提供运动服务	①	②	③	④	⑤
8	指导者在提供服务时与我进行充分的沟通	①	②	③	④	⑤
9	我认为指导者是该运动服务的专家	①	②	③	④	⑤
10	指导者为我提供充足的运动服务	①	②	③	④	⑤
11	指导者提供有助于我健康的运动服务	①	②	③	④	⑤
12	运动设施非常现代化	①	②	③	④	⑤
13	因故障等原因，使用运动设施时不会带来不便	①	②	③	④	⑤
14	运动设施可以根据我的个人喜好调整运动服务强度	①	②	③	④	⑤
15	运动设施有各种便利的附属设施	①	②	③	④	⑤
16	运动设施离我家很近，走动方便	①	②	③	④	⑤
17	为来参加运动，提供相应的交通服务	①	②	③	④	⑤
18	运动项目忠实地反映了我想要的内容	①	②	③	④	⑤
19	如果完成运动项目，相信我会变得更健康	①	②	③	④	⑤
20	运动项目设计得丰富多彩，不会让人感到无聊	①	②	③	④	⑤
21	运动项目对我没有负担	①	②	③	④	⑤
22	参加运动项目的过程中，与其他学员关系融洽	①	②	③	④	⑤
23	与别人一起参加运动项目，可以愉快地完成	①	②	③	④	⑤
24	1 次的运动量对我没有负担	①	②	③	④	⑤
25	参加运动后，疲劳感比以前更大了	①	②	③	④	⑤
26	1 周要参加的运动次数对我没有负担	①	②	③	④	⑤
27	1 周内，我没有不想参加运动的想法	①	②	③	④	⑤

第三部分：

以下是确认您现在的健康状况——身体、心理和社会健康状况的问题。请在最同意的选项上打“√”。

序号	问 题	非常不同意←→非常同意				
28	您觉得最近食欲增加了吗?	①	②	③	④	⑤
29	您觉得最近消化好吗?	①	②	③	④	⑤
30	您最近觉得睡眠质量没有问题吗?	①	②	③	④	⑤
31	您最近很容易感到疲劳吗?	①	②	③	④	⑤
32	您最近洗漱时，有没有不便之处?	①	②	③	④	⑤
33	您最近做家务时，有没有不便之处?	①	②	③	④	⑤
34	您最近外出时，有没有不便之处?	①	②	③	④	⑤
35	您最近穿衣、脱衣时，有没有不便之处?	①	②	③	④	⑤
36	您最近爬楼梯时，有没有不便之处?	①	②	③	④	⑤
37	您最近走 1 千米，有没有不便之处?	①	②	③	④	⑤
38	您对现在的日常生活满意吗?	①	②	③	④	⑤
39	您对未来乐观吗?	①	②	③	④	⑤
40	日常生活中，您自信吗?	①	②	③	④	⑤
41	您现在觉得很幸福吗?	①	②	③	④	⑤
42	您觉得情绪稳定吗?	①	②	③	④	⑤
43	您现在觉得忧郁吗?	①	②	③	④	⑤
44	您觉得自己处于心理不安的状态吗?	①	②	③	④	⑤
45	您觉得对自己的生活充满热情吗?	①	②	③	④	⑤
46	您的家庭和睦吗?	①	②	③	④	⑤
47	您经常和同事、邻居交流吗?	①	②	③	④	⑤
48	您和别人分享悲伤和喜悦吗?	①	②	③	④	⑤
49	您经常参加社交聚会吗?	①	②	③	④	⑤
50	您在任何事情上都会和别人合作吗?	①	②	③	④	⑤
51	您能处理好交给自己的工作（任务）吗?	①	②	③	④	⑤
52	您会积极地和朋友对话吗?	①	②	③	④	⑤

3.《社区老年人健康自我诊断评估调查问卷》（以非运动参与者为对象）

感谢您在百忙之中填写《 社区老年人健康自我诊断评估调查问卷》，问卷中所填信息仅做研究使用，不会用于其他方面，请放心填写。请在符合您真实情况的选项前打“√”。问卷中的每个选项从“非常不同意”到“非常同意”采用 1—5 分制评分，请根据实际情况做出适当选择。

第一部分：

1. 您的性别

①男　②女

2. 您的年龄

① 60—64 岁　② 65—69 岁　③ 70—74 岁　④ 75—79 岁　⑤ 80 岁及以上

3. 您受教育的程度

①初中及以下　②高中或中专　③大学专科　④大学本科　⑤研究生及以上

4. 您退休前从事的职业是

①工人　②农民　③教师　④公务员　⑤军人

⑥医务人员　⑦商人　⑧其他_____

5. 您目前的收入情况

① 1000 元及以下　② 1001—2000 元　③ 2001—3000 元

④ 3001—4000 元　⑤ 4000 元以上

第二部分：

以下是确认您现在的健康状况——身体、心理和社会健康状况的问题。请在最同意的选项上打“√”。

序号	问 题	非常不同意←→非常同意				
8	您觉得最近食欲增加了吗？	①	②	③	④	⑤
9	您觉得最近消化好吗？	①	②	③	④	⑤
10	您最近觉得睡眠质量没有问题吗？	①	②	③	④	⑤
11	您最近很容易感到疲劳吗？	①	②	③	④	⑤
12	您最近洗漱时，有没有不便之处？	①	②	③	④	⑤
13	您最近做家务时，有没有不便之处？	①	②	③	④	⑤
14	您最近外出时，有没有不便之处？	①	②	③	④	⑤
15	您最近穿衣、脱衣时，有没有不便之处？	①	②	③	④	⑤

（续表）

序号	问题	非常不同意←→非常同意				
16	您最近爬楼梯时，有没有不便之处？	①	②	③	④	⑤
17	您最近走 1 千米，有没有不便之处？	①	②	③	④	⑤
18	您对现在的日常生活满意吗？	①	②	③	④	⑤
19	您对未来乐观吗？	①	②	③	④	⑤
20	日常生活中，您自信吗？	①	②	③	④	⑤
21	您现在觉得很幸福吗？	①	②	③	④	⑤
22	您觉得情绪稳定吗？	①	②	③	④	⑤
23	您现在觉得忧郁吗？	①	②	③	④	⑤
24	您觉得自己处于心理不安的状态吗？	①	②	③	④	⑤
25	您觉得对自己的生活充满热情吗？	①	②	③	④	⑤
26	您的家庭和睦吗？	①	②	③	④	⑤
27	您经常和同事、邻居交流吗？	①	②	③	④	⑤
28	您和别人分享悲伤和喜悦吗？	①	②	③	④	⑤
29	您经常参加社交聚会吗？	①	②	③	④	⑤
30	您在任何事情上都会和别人合作吗？	①	②	③	④	⑤
31	您能处理好交给自己的工作（任务）吗？	①	②	③	④	⑤
32	您会积极地和朋友对话吗？	①	②	③	④	⑤